Martin Steiner · Pascal Mösli

Meditieren hilft!

MARTIN STEINER-WEDENIG, geb. 1960, Seelsorger in Kärnten, Streetworker in Bern, heute spiritueller Therapeut im Südhang/Bern, Schwerpunkt: Rückbindung ans Innere und Umgang mit Sucht.

PASCAL MÖSLI, geb. 1966, Co-Leiter der Krankenhausseelsorge in der Universitätsklinik Insel in Bern, Schwerpunkt: Begleitung in Krankheit.

Martin Steiner · Pascal Mösli

Meditieren hilft!

Eine praktische Einführung für alle

HERDER

FREIBURG · BASEL · WIEN

MIX
Papier aus verantwortungsvollen Quellen
FSC® C106847
FSC
www.fsc.org

www.herder.de

Umschlaggestaltung: Christian Langohr
Umschlagmotiv: © Lumamarin / photocase.com
Satz: Layousatz Kendlinger, Mediendesign

Herstellung: fgb · freiburger graphische betriebe
www.fgb.de

Printed in Germany

ISBN 978-3-451-30680-8

Inhaltsverzeichnis

Vorwort von Dorothea Galuska 9

Ouvertüre – Worum es geht –
die Themen in der Übersicht 12

I Übungen 19

1 Die Aufmerksamkeit auf Vorgänge
im Körper lenken 19
2 Die Aufmerksamkeit auf das Gewahrsein
selbst lenken 33
3 Selbst eine Form des Meditierens finden 43
4 Das Leben als Meditation 47

II Bewegungen 55

1 Vom verbissenen Üben
zum neugierigen Forschen 56
2 Von der äußeren Haltung
zum Aufrichten von innen 58
3 Von großen Bewegungen zu immer kleineren .. 60
4 Vom Ausdruck in die Stille –
von der Stille in den Ausdruck 62

5 Von der Konzentration zu
anstrengungsloser Aufmerksamkeit 64
6 Vom Wollen zur Entschiedenheit 66
7 Von der Selbstabwertung
zum Selbst-Mitgefühl 68
8 Vom Haben zum Sein 70
9 Von der Entspannung zur Transformation 71
10 Vom inneren Lärm zu innerer Stille 72
11 Vom Immer-mehr-haben-Müssen
zum Immer-weniger-Brauchen 75

III Grenzen 77

1 Inbetween are the doors:
Die verschlossene Türe 77
2 Who's that girl, who's that boy?
Die Stimmen 88
3 Tanz zwischen Himmel und Erde:
Erstarren und Ekstase 97
4 Schwarze Wolke und Transformation:
Der Schmerz 107
5 (K)ein Ort im Krankenhaus:
Die Enge 116
6 Mit leeren Händen:
Das Denken, die Einsamkeit und das Nichts ... 125
7 Der innere Kompost:
Den Faden verlieren 135

IV Reflexionen 141

1 Modelle – Landkarten des Bewusstseins:
Was passiert, wenn wir meditieren? 141
2 Meditation und Rausch/Sucht 160
3 Meditation und Psychotherapie 175
4 Meditation und Körper,
Grenzerfahrungen und Krankheit 208
5 Meditation und Mystik 216

Ausklang 233

Anmerkungen 234

Literaturhinweise 236

Dank 238

Vorwort von Dorothea Galuska

Über Meditation wurde bereits viel geschrieben und gelehrt. Und doch bleibt es bis heute eine Herausforderung für uns Menschen, sie wirklich zu praktizieren. Fast jede Kultur und religiöse Tradition brachte einen Zweig der Mystiker hervor, die sich im besonderen Maße der Qualität der Stille und der daraus resultierenden Weisheit gewidmet haben. In der heutigen Zeit gibt es eine fast unüberschaubare Zahl ihrer Schriften und Anleitungen. Warum also sollten Sie dieses Buch lesen?

Jede Zeit hat ihre eigenen Lehrerinnen und Lehrer mit ihrer eigenen Sprache. Und genau das ist es, was wir Menschen brauchen, wenn wir das große Abenteuer „Meditation" beginnen wollen. Jemand, der uns Brücken baut und Einladungen gibt, in diese unbekannte Welt einzutauchen, jemand, der uns ruft mit Worten, die uns auch erreichen.

Das Buch könnte auch „Aus der Mitte der klinischen Meditationspraxis" heißen, denn es gelingt Martin Steiner und Pascal Mösli in klarer, zeitgenössischer Sprache eine Vielzahl von Anleitungen zu geben, die wirklich Lust machen, ihnen nachzugehen und sie auszuprobieren. Gerade für Menschen mit schicksalhaften Lebenserfahrungen sind die manchmal trockenen und die Sinne eher ablehnenden traditionellen Meditationstechniken nur schwierig praktizierbar.

Hier benötigen wir eine neue kreative und die Sinne und sinnliche Wahrnehmung einbeziehende Methodik, um Menschen dort anzusprechen, wo ihre Fragen und Schwierigkeiten auftauchen. Die ersten Schritte in dieses Bewusstseins-Neuland sind immer faszinierend und ein wenig verstörend gleichzeitig. Wir brauchen, wenn wir an erste Grenzen und Ängste stoßen, erfahrene Lehrer und Begleiter, die uns einerseits verstehbare Erklärungen geben (auch aus psychosomatischer Sicht) und uns andererseits individuell nutzbare Techniken und Methoden an die Hand geben, damit wir neugierig und forschend bleiben.

Martin Steiner nimmt Sie in diesem Buch Schritt für Schritt mit auf diese Bewusstseins-Reise, er lockt, lädt ein, ruft, macht Ihnen Vorschläge und gibt viele praktische Beispiele aus seiner fundierten beruflichen Erfahrung als klinischer Seelsorger.

Besonders wenn Sie Fragen und Zweifel auf dem Weg der Meditation haben, werden Sie sich in dem Kapitel über Grenzen wiederfinden und eine Fülle an Mut machenden Ideen für ein Weitergehen angesichts dieser Schwellen finden. In dieser Phase der Meditationspraxis sind wir besonders gefährdet ganz aufzuhören und uns wieder dem Alltäglichen zuzuwenden.

Pascal Mösli beschreibt Ihnen an dieser Stelle sehr präzise, wie Sie den täglichen Perspektivwechsel von Alltagsbewusstsein und vertieftem Meditationsbewusstsein immer wieder neu üben können.

Meditation ist aber nicht nur gelebte Erfahrung, sondern sie verändert auch unsere Sicht auf uns und die Welt. Menschen, die Landkarten, Konzepte und Modelle des Bewusstseins suchen, gibt Martin Steiner am Ende dieses

Buches Anregungen zum „neu denken", wiederum in einer sehr zeitgenössischen Sprache und einfachen Bildern, die dennoch tief und umfassend wirken. Vielleicht finden Sie, angeregt durch das Beispiel des Autors, den Mut, diese unbegrenzte, faszinierende, innere Landschaft zu erforschen, Ihre eigenen Worte und Bilder zu wählen und sich damit dieses zunächst unheimliche und groß erscheinende Geheimnis zu erschließen.

Meditation ist nicht immer leicht und einfach, sie kann uns grundlegend verändern und sie ist es wert, als Schatz und Potenzial der Menschheit weiter erhalten und gepflegt zu werden.

Ich wünsche Ihnen beim Lesen und Üben viele erhellende Schritte für Ihr Leben.

Dorothea Galuska

Dorothea Galuska ist Leiterin des Personalmanagements, Körperpsychotherapeutin, Meditationslehrerin und Mitbegründerin der Heiligenfeld Kliniken in Bad Kissingen

Ouvertüre – Worum es geht – die Themen in der Übersicht

Der Mensch ist ein Geheimnis, das wir nie ganz ergründen können. Er hat, oder vielmehr, er *ist* eine Tiefe, die dem Denken nicht zugänglich ist. Meditation ist ein Weg in diese Tiefe.

Für wen ist dieses Buch geschrieben?

Dieses Buch ist für Menschen geschrieben, die sich mit Meditation beschäftigen, weil sie auf der Suche sind nach etwas, das ihrem Leben eine neue Dimension, einen tieferen Sinn geben könnte.

Martin Steiner arbeitet mit Menschen, die in eine Suchtspirale geraten sind und ihr entgehen wollen. Sie haben Fragen. Pascal Mösli begleitet Menschen, die mit einer schweren Krankheit zurechtkommen müssen. Auch sie haben Fragen.

Wie kann ich innere Ruhe finden? Wie finde ich Frieden mit mir selbst? Wie kann ich gesund werden? Ich muss meine Lebensweise ändern – aber wie? Wie kann ich zu mir finden? Was mache ich, wenn wieder dieses Gefühl der inneren Leere aufkommt? Wie kann ich meine Ängste überwinden und mich ohne Medikamente regulieren? Ich schlafe schlecht. In mir ist eine Dauerspannung, die nur selten weicht. Wie entkomme ich dem engen Gefängnis meiner Sorgen, meiner Verhaltensmuster? Was brauche ich, um zufriedener, glücklicher zu sein? Wie finde ich innere Leichtigkeit und Weite? Was fehlt mir wirklich? Wie kann ich spüren, was ich wirklich will?

Wer bin ich? Kann mir Meditation in meiner Depressivität helfen? Das sind allgemeine menschliche Fragen.

Häufig sind es Menschen ohne große Erfahrung mit Meditation. Spiritualität ist Neuland für sie. Zum Teil sind es Menschen, die ihren Kinderglauben längst zurückgelassen, aber nichts Erwachsenes, ihnen Entsprechendes entwickelt oder gefunden haben. Manche leiden unter ihrer religiösen Heimatlosigkeit. Andere sind voller Verletzungen durch die Achtlosigkeit und Zwänge, die ihnen im Namen der Religion der Liebe angetan wurden. Wieder andere wissen, dass da ein Schatz in ihnen verborgen ist, den sie schon gespürt haben, der ihnen aber aus dem Blick geraten ist. Kann ich auf dem Weg in die eigene Tiefe inneren Frieden und jenes Glück finden, nach denen ich mich sehne?

Es gibt aber auch viele Menschen, die nicht krank sind, denen es gut geht und die sich nach einer größeren Tiefe, Echtheit und Intensität in ihrem Leben sehnen und sich deshalb für Meditation interessieren. Kann ich auf diesem Weg zu mir selbst vorstoßen?

Dieses Buch geht auch darauf ein, wie es Menschen geht, die andere begleiten, die ihnen helfen wollen in ihrer Sucht, ihrer Krankheit. Wie kann ich den Heiler, die Heilerin in mir wecken und lebendig halten? Wie kann ich als Therapeut Menschen zu mehr Achtsamkeit, zu mehr Kontakt mit dem, was in ihnen vor sich geht, bringen? Wie kann ich ihnen helfen, sich in der Tiefe zu erfahren und so Selbstheilungskräfte zu wecken? Die Übungen, die hier vorgestellt werden, sind einfach. Sie sind auch zum Anleiten geeignet.

Wir stellen unsere eigenen Prozesse als spirituelle Begleiter, Seelsorger, Therapeuten zur Verfügung. In den „Reflexionen" skizzieren wir Entwicklungsschritte, die wir selbst durchgemacht haben, und gehen auf Fragestellungen ein, die sich uns in dieser Arbeit immer wieder stellen.

Was ist Meditation

Meditation ist anstrengungslose Gegenwärtigkeit, Präsenz, Wachheit, Mitgefühl, Erfahrung von Ganzheit, ist das Eintauchen in die einfache Freude des Seins. Meditation ist aber auch der Weg, der zu diesen Ebenen des Erlebens führt. Um beides geht es in diesem Buch.

Meditieren ist eigentlich ganz einfach. Es ist unsere ganz natürliche Art zu sein. Es braucht nicht viel und wir spüren eine tiefere Ebene, in der wir uns ganz bei uns selbst fühlen, ganz bei dem sind, was wir tun, was gerade geschieht, verbunden mit dem Geschehen in uns wie um uns, entspannt und lebendig zugleich: Leichtigkeit des Seins. Jeder Mensch hat kleine Erfahrungen mit der Stille gemacht, hat Momente des Staunens, des Schauens, der *meditatio* gemacht, aber es waren vielleicht ganz und gar „geschenkte" Momente, die man nicht aktiv ermöglicht hat, die man nicht als normalen Teil seines Alltags kennt und pflegt. Jeder Mensch hat diesen „Muskel der Aufmerksamkeit", wie ihn Roshi Richard Baker nennt, aber nicht alle Menschen haben ihn trainiert, haben einen direkten Zugang zu ihm.

Unsere Tiefe können wir als die Innenseite unserer außen sichtbaren Wirklichkeit ansehen; sie ist ganz nah, liegt nur einen Nanomillimeter unter der Oberfläche. Neugierde genügt. Es ist nicht notwendig, sich sechs Monate in ein tibetisches Kloster zurückzuziehen, um einen Geschmack davon zu bekommen, wie sich das Leben in meditativem Zustand anfühlt.

Meditieren ist aber auch herausfordernd. Schichten von Konzepten und Mustern, die wir lange mühsam gelernt haben, bestimmen unsere Wahrnehmung. Es gilt, diese Muster nach und nach zu erkennen, um von ihnen nicht mehr beherrscht zu werden, um nicht länger im „Autopilot-Modus" unterwegs zu sein. Meditieren ist ein Bewusstwerdungsprozess. Wir lernen unsere Aufmerksamkeit zu lenken. Die Steuerung, die zuerst über unseren Verstand erfolgt („Ich konzentriere mich jetzt auf meinen Atem!") wird mit zunehmender Übung von tieferen Schichten unseres Seins übernommen („Ich bin da und nehme wahr, was ist.") Die Steuerung unserer Aufmerksamkeit wird anstrengungslos und intuitiv. Wir überlassen die Führung unseres Lebens mehr und mehr unserem Inneren: dem Herz, der Seele oder wie wir die Tiefenschichten unseres Seins nennen. Das bin ja auch ich, nur nicht ich im Verstand, sondern ich als Herz, ich als Seele. Das ist ein schöner Ausdruck, den man manchmal von einem Menschen sagt, von dem etwas besonders Liebesvolles, Kraftvolles, Schönes ausgeht: Dieser Mensch ist eine Seele. Wir verwenden Begriffe wie Seele oder Sein als Bilder, nicht als Definitionen. Es sind Hinweisschilder. Man kann sich darüber streiten, ob sie gut gewählt sind, ob sie ihre Hinweisfunktion gut erfüllen. Uns geht es hier um jene Ebene der Wirklichkeit, auf die diese Begriffe hinweisen.

Manche beginnen zu meditieren, um sich besser entspannen zu können. Dabei können sie Erfahrungen machen, die über die Entspannung hinausgehen und ihnen eine neue Erfahrung von sich selbst ermöglichen. Sie beginnen ihre Tiefe zu spüren. So werden wir durch die Meditation in einen Transformationsprozess hineingezogen: Unser Bewusstsein löst sich aus der totalen Identifikation mit unserem Denken und wird sich nach und nach seiner selbst bewusst. Das Spektrum unserer Wahrnehmung wird weiter. Statt uns und die Welt rundum nur auf dem Denk-Fühl-Kanal wahrzunehmen, erwacht unser subtiles Körperempfinden, Intuition stellt sich ein, unsere Seele erwacht. Wir identifizieren uns weniger mit den Inhalten unseres Lebens und verankern uns mit unserer Aufmerksamkeit mehr in der Präsenz, in der Tiefe, im Sein.

Meditierende sind Forschende. Sie erforschen die Innenseite der Wirklichkeit, die uns über unmittelbare Erfahrungen zugänglich ist.

Aufbau des Buches

Das Buch, das Sie in den Händen halten, gliedert sich in vier Abschnitte:

Es beginnt mit den „Übungen“. Was kann ich machen, um tiefere Ebenen des Daseins zu entdecken? Uns ist es wichtig, mit ganz konkreten Übungen zu beginnen. Es macht nur mäßig Sinn, über Meditation viel zu lesen, man muss sie tun. Die eigene Erfahrung ist entscheidend. Wie schon gesagt: Es ist gar nicht so schwierig, eigene Erfahrungen zu machen. Die Übungen sind einfach. Sie haben jedoch die Kraft, unter die Haut zu gehen.

Der zweite Abschnitt ist mit dem Wort „Bewegungen" zusammengefasst. Da geht es um das Wie. In welcher Haltung komme ich in meine Tiefe? Die Ergebnisse der Übungen werden verschieden ausfallen, ob ich die Absicht habe, mehr Kontrolle über mein Leben zu gewinnen, oder ob ich entdecken will, wer ich wirklich bin. Der Abschnitt Bewegungen zeigt, dass der Prozess des Wach-Werdens nicht durch ein Entweder-Oder in Gang kommt, sondern es mehr darauf ankommt, in welche Richtung ich mich bewege.

Im dritten Abschnitt „Grenzen" gehen wir wie beim Tanzen einen Schritt zurück: Und wenn es nicht geht? Wenn ich beim Meditieren nicht weiterkomme? Grenzen werden beschrieben, an die wir beim Meditieren häufig stoßen und wie wir damit umgehen können.

Im vierten Abschnitt „Reflexionen" stellen wir uns der Frage, wie und warum Meditation funktioniert, worauf ihre Wirkungsweise beruht. Wir reflektieren unsere Erfahrungen, versuchen sie mithilfe von Modellen und Bildern zu verstehen. Wir stellen uns den Fragen, die uns unsere Arbeitskolleginnen und Kollegen in unseren Kliniken ausgesprochen oder unausgesprochen stellen. Wir zeichnen eigene Lernprozesse nach.

Dieses Buch haben wir zwei Autoren gemeinsam entwickelt, die Texte hat jedoch der eine oder der andere geschrieben: Martin Steiner hat die Kapitel „Übungen", „Bewegungen" und „Reflexionen" verfasst, Pascal Mösli das Kapitel „Grenzen" sowie den zum Kapitel „Reflexionen" zählenden Text „Meditation und Körper, Grenzerfahrungen und Krankheit".

I Übungen

1 Die Aufmerksamkeit auf Vorgänge im Körper lenken

Meditation = Gegenwärtigkeit. So könnte eine Formel lauten. Und da unser Körper immer gegenwärtig ist und im Unterschied zum Denken sich nie in der Vergangenheit, in der Zukunft oder an einem anderen Ort aufhält, sondern da ist, eignet er sich hervorragend als Fokus für das Meditieren. Wir können unser Denken nicht abschalten; wir können es ein wenig unterdrücken, dadurch wird es aber nur noch stärker. Was wir jedoch können, ist unsere Aufmerksamkeit auf Vorgänge lenken, die jetzt stattfinden. Das zieht unsere Aufmerksamkeit vom Denken weg und bringt sie ins Hier und Jetzt. Der Körper ist real. Wir können ihn spüren. Der Atem kommt und geht jetzt. Die Bauchdecke hebt und senkt sich jetzt. Die Bewegung geschieht jetzt. Sie zu spüren, macht uns gegenwärtig, präsent.

Da wir uns mit unserer Aufmerksamkeit meist in unserem Denken aufhalten, ist das unter Umständen gar nicht so einfach, unseren Körper wirklich zu spüren. Vielleicht ist es nur ungewohnt – wir müssen es wieder entdecken. Wenn Sie in einer sternklaren Nacht aus einem hell erleuchteten Raum ins Freie treten, sehen Sie zuerst auch gar nichts. Sie wagen sich nur ganz vorsichtig voran, um nicht gegen irgendeinen Gegenstand zu stoßen oder in einen Abgrund zu fallen, weil Sie praktisch blind sind. Nach einigen Minuten in der Dunkelheit ändert sich das: Sie beginnen zu sehen. Und wenn sich die Augen ganz umgestellt haben, staunen Sie über den unglaublich schönen Sternenhimmel. Genauso ist es beim Meditieren. Haben Sie Geduld. Gehen Sie nicht mit Strenge vor (Das muss ja gehen!). Versuchen Sie eher eine spielerisch neugierige Haltung einzunehmen: Was spüre ich da? Spüre ich etwas? Und wenn Sie etwas spüren, bleiben Sie noch ein wenig dabei, solange Sie können. Hauptsache, Sie locken Ihre Aufmerksamkeit in Ihren Körper. Nach all den aufregenden Dingen, die unser Verstand die ganze Zeit denkt, ist das ganz einfache Heben und Senken der Bauchdecke durch das Atmen natürlich schnell einmal langweilig für ihn: Das habe ich jetzt gesehen. Gibt es nicht was Neues, was Spannenderes? Bleiben Sie dabei und denken Sie an den Sternenhimmel: Die wirklichen Wunder enthüllen sich erst bei genauem Hinsehen.

Haltung

Meditieren kann man immer und überall. Zum Üben ist eine aufrechte Haltung jedoch sehr hilfreich. Wenn der Rücken gerade ist, kann der Atem frei fließen. Das geht im Stehen, im Sitzen und im Liegen. Ich schlage Ihnen eine erste einfache Übung vor. Betrachten Sie es als ein Experiment.

Übung im Stehen (2 bis 5 Minuten)

Begeben Sie sich in einen Raum oder an einen Ort, an dem Sie ungestört sind. Stellen Sie sich so hin, dass Sie sich wohlfühlen. Die Füße in Hüftbreite lockern Sie ein wenig Knie, Becken und Schultern, sodass Sie aufrecht und geschmeidig zugleich sind. Spüren Sie dabei den Boden unter Ihren Füßen. Atmen Sie nun ein paar Mal tief ein und aus. Mit dem Ausatmen entspannen Sie Ihre Schultern, Ihren Kiefer, Ihr Denken und gehen mit der Aufmerksamkeit in sich hinein. Sie können die Augen schließen, wenn es angenehm für Sie ist. So signalisieren Sie sich: Time out für das, was außen geschieht, ich richte meine Aufmerksamkeit nach innen. Legen Sie nun Ihre rechte Hand breit und weich auf Ihre Brust. Die linke Hand legen Sie auf Ihren Bauch, genau dorthin, wo sich Ihre Bauchdecke durch Ihr Atmen ständig hebt und senkt. Beeinflussen Sie Ihren Atem nicht, spüren Sie ihn einfach. Spüren Sie, was unter Ihren Händen geschieht und wie es sich anfühlt: die Bewegung des Atmens im Körper, der Herzschlag, die Wärme Ihres Körpers und Ihrer Hände. Ihre Aufmerksamkeit wird in Ihren Körper gelenkt, näher an Ihr Inneres heran. Vielleicht atmen Sie plötzlich etwas tiefer und leichter oder es kommt so ein Aufatmen über Sie: Ich spüre mich, ich bin da.

Das ist Meditation. Die einfache Übung eignet sich besonders gut am Morgen, zwei Minuten genügen dafür. Noch bevor ich aus dem Zimmer gehe, stelle ich mich hin, lege die Hände wie beschrieben auf meinen Körper und bin einfach da. Ebenso eignet sich diese Übung am Abend, bevor Sie sich ins Bett begeben. Das ist ja der Moment, in dem viele Menschen als Kind gebetet haben und es manchmal immer noch tun. Hier haben Sie eine Form, mit der Sie sozusagen ohne Worte beten, einfach durch Ihre Haltung und die Lenkung Ihrer Aufmerksamkeit auf Ihr Herz. Diese Übung eignet sich auch sehr gut für Momente während des Tages, in denen ich mich kurz entspannen und wieder zu mir kommen möchte.

Sitzen

Das Sitzen ist die gängigste Haltung beim Meditieren. Es ermöglicht eine aufrechte und zugleich entspannte Haltung. Der Atem kann frei fließen. Die aufrechte Haltung hilft zum Wach-Sein, das ja ein Hauptziel der Meditation überhaupt ist. Das aufrechte Sitzen hat einen Nachteil, der zugleich ein Vorteil ist: Die richtige Haltung ist nicht leicht zu finden. Man sackt in sich zusammen oder man überspannt sich, sitzt zu steif. Der Vorteil dieser Schwierigkeit ist, dass man das Finden einer guten Sitzhaltung selbst zur Meditation machen kann: Ich spüre von innen her, wie meine Körperhaltung ist, und korrigiere sie immer wieder ein wenig. Ich gehe also immer wieder in eine Feineinstellung der Schultern beispielsweise. Mit geschlossenen Augen spüre ich, ob sie vorne eingefallen sind. Ich nehme die Schultern nach hinten, der Brustkorb öffnet sich, ich richte mich auf. Dann lasse ich die Spannung in den Schultern wieder etwas los, nicht zu viel, denn dann sinke ich wieder vorne in mich zusammen. Ich bleibe aber auch nicht in der Brust-raus-Haltung, sondern erspüre, wo die Mitte ist: Wie bin ich zugleich aufrecht und entspannt? Dasselbe mache ich mit dem

Kopf: Ich kreise ihn ganz leicht und nehme das Kinn ein wenig Richtung Brust, sodass der Nacken lang wird. Die „richtige" Haltung erkenne ich daran, dass die Entspannung etwas zunimmt. Die Frage beim Meditieren lautet nicht: Bin ich entspannt oder nicht? Hilfreicher weil „flüssiger" ist die Frage: Bin ich durch diese Veränderung ein wenig entspannter als zuvor? Die Veränderung, die eine Bewegung hervorruft, zu spüren, ist Meditation. Wahrzunehmen, ob ich mich mehr anspanne oder entspanne durch eine kleine Bewegung, ist Ausdruck und Training von Achtsamkeit. So führt das achtsame Sitzen zu einer Zunahme des subtilen Körperbewusstseins: Ich spüre mich besser in meinem Körper. Ich nehme die feinen Signale und Lebensäußerungen meines Körpers schneller und genauer wahr. Das ist eine Form, zu sich zu finden. Meditation geht nicht am Körper vorbei, sondern durch ihn hindurch.

Bewegen Sie Ihren Oberköper als Ganzen aus dem Becken heraus. Spüren Sie Ihre Sitzhöcker, diese beiden Knochenfortsätze ganz unten am Beckenknochen? Wenn das Gewicht Ihres Oberkörpers vor allem über Ihre Sitzhöcker auf die Unterlage, auf der Sie sitzen, übertragen wird, dann sitzen Sie sehr wahrscheinlich aufrecht und gut. Um Ihren Oberkörper in eine langsame kreisende Bewegung zu bringen, müssen Sie Ihre Mitte verlassen. Spüren Sie die langsame, kreisende Bewegung Ihres Oberkörpers sehr genau. Spüren Sie die Gewichtsverlagerung auf der Sitzfläche. Und nun lassen Sie die Bewegung wieder kleiner werden, nähern Sie sich immer mehr Ihrer Mitte an. Kommen Sie ins Lot! Ja, das lässt sich körperlich vollziehen. Sie können sich vorstellen, in Ihrem Körper wäre ein Faden und daran ein kleines Gewicht aufgehängt. Je mehr Sie ins Lot kommen, umso ruhiger wird das Pendel in Ihnen. Zum Schluss steht es still und zeigt genau zur Erdmitte: Sie haben Ihre Mitte gefunden!

Es spielt keine Rolle, ob Sie auf einem Stuhl oder auf einem Meditationskissen meditieren. Wichtig ist, dass die Unterlage fest ist und Ihre Knie tiefer liegen als Ihr Becken. Das ist beim Schneidersitz nicht der Fall. Da sind die Knie höher als das Becken. Die Folge ist, dass der Rücken rund ist (Katzenbuckel) und sehr schnell zu schmerzen beginnt. Der Bauch wird zusammengedrückt, der Atem kann nicht frei fließen. Deshalb brauchen Sie, wenn Sie am Boden meditieren, ein etwa 20 bis 30 Zentimeter hohes mit Hirse oder einem ähnlich festen Material gefülltes Kissen. Den gleichen Zweck erfüllt ein Schemel aus Holz.

Wenn Sie kein Meditationskissen zur Hand haben oder Ihre Gelenkigkeit das Sitzen auf einem Kissen am Boden nicht erlaubt, setzen Sie sich auf einen Stuhl. Das Sitzen am Boden schaut vielleicht meditativer aus, ist es aber nicht. Sie können auf einem Stuhl genauso gut oder noch besser meditieren. Wichtig ist auch hier, dass Ihr Rücken aufrecht ist und Ihr Gewicht über die Sitzhöcker auf den Stuhl übertragen wird. Ihr Rücken sollte frei schwingen können. Lehnen Sie sich also nicht an. Eine Möglichkeit ist, dass Sie mit Ihrem Becken auf der Sitzfläche des Stuhls so weit wie möglich nach hinten rücken: So wird Ihr Becken unten an der Lehne etwas gestützt, sodass es nicht nach hinten kippt. Oder Sie sitzen ganz vorne an der Stuhlkante. Das setzt voraus, dass die Sitzfläche des Stuhls einigermaßen waagrecht ist und nicht nach hinten abfällt.

Verankerung: Lenken Sie Ihre Aufmerksamkeit darauf, wie Sie im Sitzen die Schwerkraft spüren. Sie spüren jene Stellen im Körper, die in unmittelbarem Kontakt mit dem Boden sind. Sie spüren, dass es ein schönes Gefühl ist, vom Boden getragen, von der Erde gehalten zu werden. Sie spüren die Verlässlichkeit des Bodens. Vielleicht spüren Sie bereits durch ein achtsames Sitzen Ihre Zuneigung zur Erde wieder deutlicher. Das wäre schon etwas: spüren, dass ich geerdet, gehalten, verwurzelt bin. Es ist eine Form, mich an meinem Dasein zu freuen.

Aufrichtung: Wenn Sie sich gut verankert haben, hilft Ihnen vielleicht das Bild, Ihre Wirbelsäule fühle sich luftig an, nicht zusammengestaucht. Da ist eine Kraft in Ihnen, die sich aufrichten will und die Wirbelsäule nach oben in die Länge zieht. Die Auswirkung ist, dass der Tonus, die Spannung im Körper, steigt: Ich bin da und spüre, dass ich da bin. Das ist etwas grundsätzlich anderes, als es nur zu denken. Sie bekommen einen doppelten Halt: von unten, vom Boden, der Schwerkraft und von oben, der inneren Aufrichtung.

Sie werden eine gute Sitzhaltung für das Meditieren finden und immer wieder verlieren. Das hält Sie wach. Das lässt Sie meditieren vom ersten Moment an Ihrer Meditation. Mit der Zeit werden Sie auch bei anderen sitzenden Tätigkeiten darauf zu achten beginnen, ob Sie sich in der eingenommenen Haltung wohlfühlen. Und Sie werden Ihre Haltung immer wieder korrigieren und spüren und wieder leicht verändern. Ihre Meditation ist im Alltag angekommen. Ihr Alltag ist zur Meditation geworden. Sie werden immer weniger Bildern folgen wie: So sollte ich sitzen, so schaut es gut aus! Stattdessen werden Sie sich in Ihrem Körper immer besser spüren. Sie werden spüren, was Ihnen guttut und was nicht.

Liegen

Das Liegen hat einen großen Nachteil: Man schläft leicht ein. Es ist eine Haltung, die von uns spontan mit Schlafen oder Dösen verbunden wird und uns leicht in diesen Zustand versetzt. Die Rückenlage hilft vielen, aber nicht allen Menschen, sich zu entspannen. Entspannung wiederum ist eine wichtige Voraussetzung für das Meditieren. Sie können also eine Meditation gut im Liegen beginnen. Wenn Sie die Meditation am Abend zum Einschlafen machen, legen Sie sich dazu natürlich ins Bett. Ansonsten eignet sich eine harte Unterlage besser zum Entspannen. Breiten Sie zum Beispiel eine Wolldecke auf den Boden und legen Sie sich darauf. Es ist wichtig, dass Ihnen warm ist. Wenn man friert oder fröstelt, kann man sich nicht entspannen. Spüren Sie Ihren Körper, vor allem jene Stellen, die am Boden aufliegen: Fersen, Waden, Becken, Schulterbereich, Kopf. Vielleicht hilft Ihnen die Vorstellung, Sie liegen im warmen Sand. Mit jedem Ausatmen lassen Sie sich mehr los, lassen sich mehr vom Boden, von der Erde tragen. Spüren Sie, wie schön es ist, getragen zu werden, sich nicht selbst halten zu müssen. Spüren Sie Ihr Gewicht. Entspannung stellt sich ein, wenn Sie Ihr Gewicht spüren. Entspannung stellt sich ebenso ein, wenn Sie Wärme spüren in Ihrem Körper. Brauchen Sie eine Decke, die Sie einhüllt und wärmt? Holen Sie sich eine. Entspannen ist etwas Schönes. Es geht nicht darum, durchzuhalten und sich trotz Kälte konzentrieren zu können. Beim Entspannen geht es darum, sich loszulassen und bei sich selbst still und genüsslich einzukehren. Ein spontanes Aufatmen signalisiert Ihnen: Sie sind angekommen – bei sich selbst.

Sobald Sie merken, dass Sie sich zu entspannen beginnen, gehen Sie noch etwas tiefer in den Entspannungszustand hinein, wenn möglich, ohne einzuschlafen. Spüren Sie Ihren Atem kommen und gehen. Bewegen Sie Ihr Becken leicht, langsam und anstrengungslos ein wenig hin und her. Lassen Sie diese Bewegung auch auf Ihren Rücken übergehen, sodass Sie ihn in seiner ganzen Breite zu spüren bekommen. Stellen Sie sich nun darauf ein, in eine sitzende Haltung überzugehen. Richten Sie sich aber nicht ruckartig auf, sondern machen Sie lieber einen „kleinen Umweg" über Ihre Seite auf Bauch und Knie. Jeder Moment, jede Bewegung ist Teil der Meditation.

Gehen, Bewegen, Tanzen

Viele Menschen finden leichter zur inneren Stille, wenn sie sich achtsam bewegen, statt einfach still zu sitzen. Vor allem ein schlagartiges Stillsitzen führt leicht zu einer Art Lähmung.

Yoga, Qigong oder Taiji kann auch Meditation in Bewegung genannt werden. Es sind Formen, in denen Bewegungen in einer bestimmten Abfolge vollzogen werden, aber nicht mechanisch, sondern mit ganzer Aufmerksamkeit. Wenn Sie eine Yoga- oder Qigong-Übung kennen, flechten Sie sie doch in Ihre Meditation ein; beginnen oder vertiefen Sie Ihre Meditation damit. Sie können aber auch ganz alltägliche Bewegungen ausführen, wie sich strecken, dehnen, gähnen, schütteln, kreisen. Wichtig ist, dass Sie ganz dabei sind, der Freude an Bewegung folgen. Tanzen Sie doch zwei, drei Minuten zur inneren Musik, also ohne Radio und CD-Player. Folgen Sie Ihren inneren Bewegungsimpulsen, experimentieren Sie, schicken Sie Ihren inneren Kritiker, der findet, dass das doch nicht cool oder spirituell aussieht, in die Umkleidekabine und bewegen Sie sich, wie es Ihrem Körper gerade in den Sinn kommt. Natürlich können Sie auch eine Musik auflegen, die Sie in Bewegung, in Schwingung bringt.

Der Atem

Das Spüren des Atmens ist ein Königsweg der Meditation, der von den verschiedensten spirituellen Schulen beschrieben und gepflegt wird. Der Atem verbindet unser Innen mit dem Außen. Er ist subtil, spürbar, aber nicht fassbar; er ist umso wohltuender und belebender, je freier er fließen kann. Die Aufmerksamkeit auf den Atem zu legen, beruhigt ihn meistens. Es ist nicht bei allen so, weil gewissen Menschen das Spüren des Atems irgendwie unangenehm ist. Das kann von daher kommen, dass es ungewöhnlich und befremdend sein kann, seinen Atem zu spüren: Ich spüre meine Lebensgrundlage, den Faden, an dem mein Leben hängt. Ich ahne, dass es einen letzten Atemzug geben wird. Das kann am Anfang unheimlich sein. Für manche ist das Spüren des Atems unangenehm, weil sie ihn sofort beeinflussen und kontrollieren und sich so in Atemnot bringen. Er kann nicht mehr frei fließen. Diese anfänglichen Schwierigkeiten werden Sie schnell überwinden, wenn Sie sich nicht abhalten lassen und sanft und spielerisch Ihren eigenen Atem zu entdecken beginnen. Der Atem ist so etwas Schönes, ein stetiger Windhauch, ein stetiges Fließen wie Wellen am Meer, ein Kommen und Gehen. Haben Sie schon einmal ein Kind beim Schlafen beobachtet? Erinnern Sie sich beim Meditieren an dieses anstrengungslose, sanfte, leichte Atmen eines Kindes.

Wo spüren Sie den Atem konkret? Überprüfen Sie es doch gerade jetzt, da Sie diese Zeilen lesen. Genau! Wir spüren den Atem in den oberen Atemwegen, vor allem ganz vorne an der Nase und in der Nase. Wir spüren, wie sich durch das Atmen der Brustkorb und die Bauchdecke heben und senken. Lenken Sie Ihre Aufmerksamkeit auf diese Stellen, auf diese physisch spürbaren Bewegungen. Ihre Hände eignen sich hervorragend als Verstärker: Legen Sie Ihre rechte Hand auf die Brust und Ihre linke auf die Bauchdecke, genau dort, wo die Atembewegung am deutlichsten spürbar ist. Nun haben Sie zwei Vorteile: Sie spüren den Atem leichter und Sie wissen intuitiv, wohin Sie Ihre Aufmerksamkeit lenken wollen: auf die unmittelbaren Auswirkungen Ihres Atmens. Es wird Ihnen nicht schwerfallen, das zu spüren. Die Kunst liegt darin, mit der Aufmerksamkeit dort zu bleiben. Der Verstand wird sich sehr bald melden und sagen: „Nun, ist ganz interessant, aber nun haben wir es gesehen – und was machen wir jetzt?“ Was wir jetzt machen? Wir bleiben beim Wahrnehmen des Atmens. Und wenn uns Gedanken wegholen, nehmen wir sie wahr „Ah, ein Gedanke“ und kehren wieder zum Atem zurück, wieder und wieder. Machen Sie das Zurückholen Ihrer Aufmerksamkeit zum Objekt Ihrer Meditation entschieden, aber nicht streng, sondern eher spielerisch, vielleicht wie eine Forscherin, die sich nicht abbringen lässt, etwas zu entdecken.

Was wollen wir denn entdecken durch diese Übung? Wer wir sind. Wir wollen eine größere Tiefe unseres Daseins entdecken. Wir wollen mit einer Ebene unserer Wirklichkeit in Kontakt kommen, die über den Verstand hinausgeht, ihm zugrunde liegt. Wenn wir unserem Atem einige Minuten lang unsere volle Aufmerksamkeit schenken, ziehen wir automatisch unsere Aufmerksamkeit vom Denken ab. Wir spüren, wie es uns atmet, ganz von selbst, wie es kommt und geht wie feine Wellen. Diese sonst so unbeachtete Bewegung lasse ich in mein Bewusstsein treten. Ich denke nicht darüber nach, wie wichtig das Atmen ist, ich spüre es. Ich beginne die Ebene des Ich-Bin zu spüren.

Hinweis für das Meditieren: Achtung! Atem möglichst nicht beeinflussen, sondern einfach nur wahrnehmen. Folgen Sie dem Atem, zwingen Sie ihn nicht in eine Form, die Sie sich vorstellen, sondern folgen Sie ihm.

Hinweis für das Anleiten: Für manche Menschen bleibt es schwierig, über das Wahrnehmen des Atems zu meditieren. Bei ihnen sind möglicherweise schmerzhafte, traumatische Erinnerungen mit dem Atem verknüpft, die durch das bewusste Wahrnehmen des Atems geweckt werden, die Betroffenen ängstigen und vom Meditieren abhalten. Bei ihnen empfiehlt es sich, über das Hören, Riechen, Schmecken, Spüren einzusteigen sowie über das Wahrnehmen der inneren Lebendigkeit.

Der eine bewusste Atemzug

Er ist genau das: ein bewusster Atemzug. Sie atmen tief ein und – was ganz wichtig ist – Sie sind mit voller Aufmerksamkeit dabei. Sie spüren, wie die Luft durch Ihre Nase einströmt, wie sich Ihr Brustkorb und Ihre Bauchdecke heben. Sie spüren einen Moment die Fülle. Und dann atmen Sie wieder aus, spüren, wie Ihr Körper sich entspannt, Ihre Schultern sich senken, wie die Luft aus Ihrem Körper strömt. Das Ganze dauert etwa vier Sekunden. Vier Sekunden, in denen Sie nicht denken, sondern mit Ihrer ganzen Aufmerksamkeit bei Ihrem Körper und Ihrem Atem sind. Eine Mini-Meditation.

Wie könnten Sie sich selbst immer wieder daran erinnern, einen bewussten Atemzug zu machen? Einen Stein in die Hosentasche stecken, auf den Spiegel oder in die Agenda schreiben, in Ihrem Handy einen Termin setzen, der alle Stunden wiederholt wird: „Ein bewusster Atemzug!“

Es gibt Übungen, die kann man jederzeit machen, weil sie ganz einfach sind und keinerlei Umstände bereiten und von anderen nicht einmal bemerkt werden. Wenn Sie 20-mal am Tag einen bewussten Atemzug machen, hat das eine starke Wirkung. Sie unterbrechen das Denken, spüren sich und verweilen einen Moment im Hier und Jetzt.

Hand auf Herz und Bauch
Sie legen die rechte Hand breit und weich auf Ihr Herz oder Ihren Brustkorb und die linke Hand ebenso weich und breit und liebevoll auf Ihren Bauch. Und nun spüren Sie, was in und unter Ihren Händen geschieht: die Bewegungen Ihres Atems, Ihr Herzschlag, die Wärme Ihres Körpers, das Spüren der inneren Lebendigkeit.

Wir haben diese Übung zu Beginn des Buches schon beschrieben (Übung im Stehen). Sie können Sie genauso gut im Sitzen oder Liegen durchführen. Sie können diese Übung als kleine Unterbrechung in Ihrem Tageslauf einsetzen: Sie gehen mit Ihrer Aufmerksamkeit für ein, zwei Minuten vom Denken weg und spüren sich in Ihrem Körper, in Ihrem Atem. Sie wenden sich sich selbst zu, je liebevoller umso besser. Sie nehmen mit Ihren Händen und Ihrer Aufmerksamkeit Kontakt mit sich selbst auf. Vielen hilft diese Haltung, wenn sie gestresst sind, um sich wieder zu spüren. Sie hilft auch, wenn man Schwierigkeiten hat einzuschlafen. Die Hände auf dem Herzen und auf dem Bauch lassen Wärme spürbar werden, die Atembewegung ist so leichter wahrzunehmen. Die Hände zeigen uns, wohin wir unsere Aufmerksamkeit lenken und worauf wir sie ruhen lassen wollen: genau dort, wo unsere Hände liegen.

2 Die Aufmerksamkeit auf das Gewahrsein selbst lenken

Jetzt geht es eine Stufe tiefer. Zum einen wählen wir nun Vorgänge im Körper, die sehr fein sind, also eine geschulte Aufmerksamkeit fordern. Zum anderen – und das ist jetzt noch wichtiger – lassen wir unsere Aufmerksamkeit von den ausgewählten Objekten zurückwandern zum Ursprung unserer Aufmerksamkeit: Wir werden uns gewahr, dass wir gewahr sind. Wir nehmen wahr, dass wir hören, nicht nur, was wir hören. Wir nehmen wahr, dass wir wahrnehmen.

Innere Lebendigkeit

Das Spüren der inneren Lebendigkeit halte ich für einen Königsweg in der Meditation. Aber es ist wie beim Atem: Während die einen dadurch leicht in eine tiefere Schicht ihres Daseins vordringen, scheint dieser Weg anderen keine große Hilfe zu sein. Nur Sie können es herausfinden, ob das im Moment ein Weg ist, der Sie mit Ihrer Aufmerksamkeit nach innen bringt.

Die innere Lebendigkeit ist im ganzen Körper zu spüren, am leichtesten jedoch in den Händen. Legen Sie Ihre Hände ruhig in Ihren Schoß oder auf Ihre Oberschenkel. Bewegen Sie sie nicht und versuchen Sie, Ihre Hände dennoch zu spüren. Was spüren Sie? Jene Stellen, wo die Hände aufliegen? Ein Pulsieren? Dringen Sie mit Ihrer

Aufmerksamkeit noch weiter in Ihre Hände ein. Spüren Sie, dass sie da sind? Wie spüren Sie das? Woran? Spüren Sie, dass Ihre Hände lebendig sind? Wie spüren Sie das? Spüren Sie ein leichtes Kribbeln, anfänglich vielleicht nur in den Fingerspitzen oder im Ballen des Daumens, mit der Zeit – wenn Sie dabeibleiben – jedoch in der ganzen Hand? Vielleicht erscheint Ihnen Ihre Hand größer, schwerer als sonst. Vielleicht spüren Sie Wärme. Vielleicht würden Sie es Energie nennen. Da ist eine feine Energie wie ein ganz schwacher Strom. Nehmen Sie die Hand, auf die Sie jetzt gerade die Aufmerksamkeit lenken anders wahr als die andere Hand? Heller, wacher, wärmer, lebendiger?

Sie sind jedenfalls da, die Hände. Man spürt sie, obwohl man nicht hinschaut und sie nicht bewegt. Erwarten Sie nichts Großartiges. Vielleicht sagen Sie: „Ich spüre den Puls, das Fließen des Blutes." Bleiben Sie bei diesen Empfindungen, gehen Sie noch tiefer hinein. Sie wollen alle Empfindungen Ihrer Hände spüren. Vielleicht hilft es, wieder mal den Atem zu spüren und sich zu entspannen. In einer spielerischen Haltung geht es viel leichter. Locken Sie Ihre Aufmerksamkeit in Ihre Hand, als wäre sie das Wichtigste auf der Welt. Das ist sie in diesem Moment auch. Spüren Sie die Wärme, die Energie, die Lebendigkeit mit all Ihren Fasern: in Ihren Händen, vielleicht auch in den Unterarmen. Spüren Sie die innere Lebendigkeit auch in Ihren Füßen? Wo sonst noch? Sie ist im ganzen Körper. Es ist nicht nur die Wärme des Blutes und der Muskulatur. Es ist Ihr Energiefeld, Ihre innere Lebendigkeit. Wenn Sie Ihre Aufmerksamkeit mit dieser

Ihrer Energie verbinden, wird Ihre Energie stärker und stabiler. Ihre innere Lebendigkeit ist das Gleiche wie Ihre Präsenz. Wenn Sie Ihre innere Lebendigkeit spüren, spüren Sie das Energiefeld Ihres Daseins: Ihre Seele. Können Sie sie spüren?

Eine Therapeutin nahm als Beobachterin an einer Gruppentherapie zum Thema Spiritualität teil. Im Rahmen dieser Gruppentherapie machten wir auch eine zehnminütige Meditation, die sich mit dem Spüren der inneren Lebendigkeit in den Händen befasste. Nach der Gruppe sagte sie:

> „Ich merkte, wie es mir gut tat. Ich habe Lust auf mehr davon. Ich spürte meine Hand. Sehr bald kamen Gedanken, es waren angenehme Gedanken. Sobald ich merkte, dass ich dachte, wollte ich das Denken wegstoßen. Da fiel mir ein, dass ich Gedanken ja nicht wegstoßen soll, sondern sie einfach anschaue. Ich ging wieder zu meiner Hand und spürte sie. Das ging ein paar Mal so. Dass die Meditation angeleitet wurde, half mir. Jedes Mal, wenn angeleitet wurde, kam ich wieder zu meiner Hand zurück, wenn es länger still war, schweifte ich wieder ab. Ich fühle mich jetzt nach dieser Übung wohler als zuvor. Es tat mir gut. Im Alltag mit den Kindern und im Beruf kommen so ruhige Momente nicht vor, es täte mir aber gut. Gibt es Bücher, CDs, einfache Übungen? Wie kann ich mich mit dieser inneren Ruhe verbinden?“

Präsenz

Ein Gespür zu bekommen für die eigene Präsenz, ist einer der einfachsten Wege, die eigene Seele zu spüren und mit ihr in Kontakt zu sein. Im Hebräischen meint das

Wort „nefesch", das wir mit Seele übersetzen, den Menschen hinsichtlich seiner Lebendigkeit. Damit ist nicht eine selbstständige Entität gemeint, eine Seele, die unabhängig vom Körper existieren würde. Es ist vielmehr die Energie des Menschen gemeint, sein Leuchten, seine Dynamik, sein unverkennbares, schöpferisches Wesen, seine Art zu reden, zu sein, zu lachen, das Glitzern in den Augen: die innere Lebendigkeit, die Präsenz. Die können wir spüren. Wir müssen nur mit unserer Aufmerksamkeit nach innen gehen und unsere eigene Anwesenheit als Ganzes spüren. Spüren Sie sie jetzt? Vielleicht als eine Art ganz feiner Strom, unter oder auf der Haut; oder als Art Wärme, als Energiefeld, in dem Sie drin sind und das Ihren Körper von innen her beseelt?

Ganz ähnlich ist es, den Raum wahrzunehmen, in dem ich mich befinde und nicht nur die Objekte im Raum; oder die Stille wahrzunehmen hinter den Geräuschen und nicht nur die Geräusche. Wenn wir das wahrnehmen können, spüren wir die Dimension des Seins. Dann wird sich unser Bewusstsein seiner selbst bewusst. Diese Erfahrung kann begleitet sein von einem Gefühl der Fremdheit, des Staunens: „Ich bin mehr als das, was ich dachte." Sie erfahren Ihr Wesen und erkennen: „Ich bin. Ich bin da. Ich bin der Raum, in dem all das geschieht, was ich mein Leben nenne. Ich bin das Bewusstsein, in dem alle Inhalte meiner Identität, meiner Wahrnehmung auftauchen. Mehr als einzelne Inhalte bin ich die Wahrnehmung. Ich bin."

Einen Teil der Aufmerksamkeit im Körper behalten

Die innere Lebendigkeit, die Präsenz zu spüren, ist etwas sehr Kraftvolles. Es verankert Ihr Bewusstsein in Ihrem Innern. Deshalb die nun folgende Anregung: Behalten Sie einen Teil Ihrer Aufmerksamkeit bei sich in Ihrem Körper, lassen Sie nicht alles nach außen dringen. Auch jetzt, während Sie diese Zeilen lesen, spüren Sie gleichzeitig, was in Ihrem Körper passiert. Zum Beispiel, ob Ihre Füße warm oder kalt sind oder wo sie den Boden berühren. Spüren Sie Ihren Atem im Bauch oder die Haltung Ihres Rückens und Ihrer Schultern oder spüren Sie Ihre innere Lebendigkeit in Ihren Händen. Nehmen Sie irgendetwas Konkretes, was Sie gut spüren können, und halten Sie den Kontakt damit auch wenn Sie zuhören, lesen, schreiben, telefonieren. Das erhöht Ihre Präsenz. Es lenkt nicht ab. Es holt Sie her, bringt Sie in die Gegenwart. Es ist eine Meditation.

Frau B erzählte während der Gruppentherapie, dass sie heute sehr gut aufgestanden und mit guter Energie in den Tag gegangen sei. Das Musikstück, das ein Mitpatient eben zu Gehör gebracht hatte, habe Erinnerungen an ihr Leben geweckt und die gute Stimmung weggespült. Sie wolle nicht wieder in ein Loch fallen und probiere nun sich selbst zu regulieren. Wie sie das mache, fragte ich sie. Sie versuche an das zu denken, was ihr gelungen sei, was sie gut könne, ans Positive also; aber es helfe nicht. Ich schlug ihr vor, doch gerade jetzt auszuprobieren, was sie am Abend zuvor im Meditationskurs kennengelernt habe. Während wir weiterreden, soll sie versuchen, ihren Atem zu spüren und die Lebendigkeit in ihren Händen. Sie war damit einverstanden. Am Schluss der Stunde erzählte Frau B freudig, dass es ihr jetzt sehr geholfen habe, ihre Aufmerksamkeit auf den Atem zu lenken. „Das hat das Karussell im Kopf abgestellt. Nun spüre ich mich wieder und kann wieder klar denken. Eine starke Erfahrung für mich: Ich kann mir so selber helfen."

Hören – horchen

Mit dieser Anregung möchte ich Sie nochmals ins Herzstück dieses Übungsschrittes führen: sich gewahr werden, dass ich mir der Geräusche gewahr bin. Ganz bewusst ist die Übung in einzelne Teilschritte untergliedert. Sie lenken Ihre Aufmerksamkeit auf die Geräusche, die an Ihr Ohr dringen, nehmen wahr, wie sie klingen, was Sie dabei empfinden, wenn Sie sie hören. So gehen Sie bis zum Schritt vier und auch darüber hinaus, wenn Sie mögen.

Stufe 1: Welche Geräusche höre ich?

Stufe 2: Wie klingen die Geräusche?

Ich achte nicht darauf, wer oder was dieses Geräusch verursacht, auch nicht darauf, wie ich es sonst benenne. Ich achte darauf, wie das Geräusch klingt, egal, ob es von einer Maschine, einem Menschen oder der Natur stammt. Ich nehme es auf, als würde ich einem Konzert lauschen.

Stufe 3: Was löst das Horchen auf den Klang der Geräusche bei mir aus?

Ich höre auf den Klang der Geräusche und nehme wahr, welche Regungen, Empfindungen und Gefühle bei mir durch das Hören ausgelöst werden. Vielleicht spüre ich bei manchen Geräuschen eine Abwehr. Wie spüre ich das? Wo im Körper? Ich versuche, es nicht zu ändern, nehme einfach wahr, wie es ist. Vielleicht spüre ich eine Entspannung, ein Staunen, eine stille Freude.

Stufe 4: Wahrnehmen, dass *ich höre*

Ich achte nicht darauf, was ich höre, sondern darauf, dass ich höre. Ich bin also nicht draußen beim Objekt, sondern drinnen bei mir und werde mir der Quelle der Wahrnehmung gewahr: Wo höre ich? Wer hört da? Ich nehme wahr, dass ich höre. Ich könnte ja auch taub sein.

Stufe 5: Hören auf die Stille

Jeder Ton, jedes Geräusch entsteht und vergeht. Ich achte auf die Stille, aus der die Geräusche auftauchen und in die sie wieder zurücksinken. Ich höre auf die Stille hinter den Geräuschen.

Stufe 6: Einfach Wahrnehmen, einfach sein

Ich bin da. Ich höre, was rund um mich vorgeht. Ich spüre, was in mir vorgeht. Ich horche auf die Stille hinter allen Dingen. Ich bin hellwach und ganz entspannt, einfach da und nehme alles wahr, die Geräusche, die Stille, dass ich wahrnehme, dass ich bin.

Diese Übung können Sie jederzeit durchführen: im eigenen Zimmer, beim Warten auf den Bus, in der Natur, im Gehen und natürlich im Sitzen oder Liegen. Wichtig ist, dass Sie ganz konkret wahrnehmen, was Sie hören oder spüren, und nicht versuchen, sich etwas vorzustellen oder einzubilden. Wenn Gedanken kommen, Erinnerungen, Bilder oder Fantasien auftauchen, dann nehmen Sie sie wahr, kehren wieder zum Wahrnehmen der Geräusche zurück und beginnen mit den Schritten wieder von vorne.

Sinne

Alle meine Sinne sind ein Tor in die Gegenwart. In dem Moment, in dem ich den Duft der Rose rieche, bin ich im gegenwärtigen Moment, ebenso wenn ich ein Geräusch höre oder die Wärme der Sonne auf meinem Gesicht spüre. Meist bleiben wir nur ganz kurz beim Wahrnehmen, nur den Bruchteil einer Sekunde und schon setzen unsere Gedanken ein, geben der Wahrnehmung einen Namen, ordnen sie in unsere Datei (Ah, eine Amsel!) und weg sind wir aus der Gegenwart. Die Gegenwart ist noch da. Sie ist immer da. Nur ich bin weg, bin in Gedanken. Indem ich wieder auf das Geräusch höre, kehre ich mit der Aufmerksamkeit aus den Gedanken wieder ins Hier und Jetzt zurück. Je häufiger ich mir der Eindrücke bewusst werde, die ich über meine Sinne wahrnehme, umso sinnvoller wird mein Leben – eine einfache Formel, auf die der sprachliche Gleichklang von Sinne und sinnvoll hinweist.

Feine Bewegung

Mit feinen Bewegungen meine ich langsame und anstrengungslose Bewegungen, in denen ich ganz drinnen bin. Ich spüre zum Beispiel die Bewegung, wie ich meinen Kopf langsam und leicht kreise. Es war schon weiter oben davon die Rede. Die Bewegung darf nicht schnell oder mechanisch durchgeführt werden und sollte auch nicht zu einem automatischen Hin- und Herwippen werden. Sie sitzen mit aufrechtem Rücken da und bewegen sich mit Ihrem ganzen Oberkörper ein wenig aus der Mitte heraus. Sie kreisen Ihren Oberkörper ganz leicht. Wenn

Sie aufmerksam sind, spüren Sie jede kleine Gewichtsverlagerung. Das lockt Ihre Aufmerksamkeit in den Körper. Interessiert gehen Sie mit der Bewegung mit, lockern dadurch Ihren Körper, spüren etwaige Verspannungen deutlicher und finden auf diesem Weg eine aufrechtere und entspanntere Haltung. Nehmen Sie nun nicht nur die Bewegung wahr, sondern werden Sie sich bewusst, dass Sie sich und Ihre Bewegungen spüren können. Sie können sich selbst spüren! Das scheint banal, ist es aber nicht. Werden Sie sich des Gewahrseins Ihres Körpers und Ihrer Bewegungen bewusst.

Nach ein, zwei Minuten feiner Bewegungen kehren Sie wieder zu Ihrer Mitte zurück. Die Bewegung wird immer kleiner und feiner. In Ihrer Mitte angekommen spüren Sie, wie es ist, in der eigenen Mitte zu sein. Vielleicht hilft Ihnen die Vorstellung, in Ihnen wäre eine feine Schnur aufgehängt und an dieser Schnur würde ein kleines Gewicht hängen. Dieses Pendel zeigt genau zur Erdmitte. Wenn Sie sich aus Ihrer Mitte heraus bewegen, bewegt sich dieses Pendel. Je näher Sie Ihrer eigenen Mitte wieder kommen, umso ruhiger wird dieses innere Pendel.

Sie können jede Bewegung achtsam machen. Im Sitzen ist das feine Bewegen des ganzen Oberkörpers, dann der Schultern, dann des Kopfes besonders leicht und angenehm. Im Liegen ist das langsame Abrollen des Beckens in alle Richtungen besonders gut zu spüren und wohltuend. Lust ist hilfreich bei dieser Art von Aufmerksamkeit: Freude finden an sich und dem eigenen Körper, an einer spontanen Bewegung.

Auch hier liegt es auf der Hand, wohin Meditation führen will: Ich spüre jede Bewegung, ich bin jede Bewegung. Es gibt keine wichtigen oder unwichtigen Bewegungen. Es gibt nur von Bewusstsein durchdrungene Bewegung und achtloses Sich-Bewegen. Verschiedene Schulen entfalten systematisch dieses Wissen um die bewusstmachende Kraft feiner Bewegungen: Qigong, Taiji und Yoga habe ich schon erwähnt, Feldenkrais und Eutonie sind zwei weitere Vertreter in diesem Feld.

3 Selbst eine Form des Meditierens finden

Dieser Schritt ist ja eigentlich der Schritt Null, mit dem alles anfängt – und doch nicht. Alles fängt mit dem Geschmack an, den ich von etwas auf die Lippen bekomme. Mmh, was ist das?! Und dann will ich mehr davon. Ich spüre einen kühlen, erfrischenden Wind aus meiner Tiefe, ein Hauch streift mich, eine Ahnung und ich beginne weiterzuforschen. Und irgendwann komme ich an den Punkt, an dem ich es genau wissen will, an dem ich merke, dass ich nicht weiterkomme, wenn ich mich nicht wirklich und von Grund auf damit befasse. Das ist der Punkt. Ahnungen von unserem tieferen Wesen haben wohl fast alle, Momente des Erwachens, des Begreifens, der Leichtigkeit des Seins, Gipfelerlebnisse, ein kurzes Aufblitzen. Aber wie kann ich mich darin niederlassen? Wie kann mein Alltag davon durchdrungen werden? Wie wird das spezielle Bewusstsein zum Alltagsbewusstsein? Wenn wir wollen, dass Momente innerer Stille nicht seltene Gäste bleiben, von denen wir nie wissen, wann sie kommen, dann müssen wir regelmäßig und konsequent üben. Unsere Aufmerksamkeit lässt sich wie ein Muskel trainieren. Dieses Training nennen wir Meditation.

Meditieren kann man immer und überall. Zum Üben ist es jedoch hilfreich, einen festen Ort, eine feste Zeit und einen festen Ablauf zu finden. Wir Menschen sind körperliche Wesen. Damit wir etwas begreifen können, müssen wir es eben begreifen, anfassen, berühren. Wir sind sinnliche Wesen. Deshalb hilft ein schöner Platz, ein schönes Bild, die Flamme einer Kerze, eine Blume, in die Sammlung der Meditation einzutreten. Struktur wie zum Beispiel ein Ablauf hilft, etwas auch wirklich zu machen und über die Anfangsbegeisterung hinaus und auf den Boden der Realität zu bringen. Struktur braucht es, um auch bei Unwohlsein, Müdigkeit und Unlust zu meditieren. In diesen Augenblicken hilft ein schöner Meditationsplatz, die feste Zeit und ein Ablauf, der sich bewährt hat. Ich mache es einfach und hoffe, dass ich mit der Zeit in die Meditation hineinfinde. Und wenn ich keine innere Ruhe finde, war es auch eine gute Meditation. Denn ich wurde mir meiner Unruhe bewusst oder meines Fluchtimpulses.

Raum
Der Ort sollte ungestört und warm sein. Wählen Sie eine Nische in Ihrer Wohnung aus, die diese Anforderungen einigermaßen erfüllt. Sie sollten sich wohlfühlen an dem Platz. Worauf sind Sie ausgerichtet? Ist es ein Fenster, eine Wand, ein Bild, das Ihnen in die Meditation hilft? Auch hier gilt: Ausprobieren und wenn es sich einigermaßen gut anfühlt, so beibehalten. Die Gestaltung kann spartanisch oder schön ausgestaltet sein. Ihre religiösen oder ästhetischen Vorlieben können und sollen sich hier zeigen. Spiritualität ist etwas sehr Persönliches. Es soll Ihnen helfen, still zu werden, nach innen zu gehen und entspannt da zu sein.

Zeit

Eine halbe Stunde jeden Tag. Wenn Sie das zwei Monate machen, werden Sie nachhaltige Veränderungen in Ihrem Leben feststellen. Für jemanden, der viel beschäftigt ist – das sind die meisten Menschen in unseren Breiten –, mag eine halbe Stunde täglich sehr viel erscheinen: Da kommt nun noch etwas, das Sie jeden Tag machen müssen. Dabei bringen Sie schon jetzt nicht alles unter. Drehen Sie Ihre Sichtweise um, stellen Sie sie auf den Kopf: Sie reservieren sich mit der Meditation eine halbe Stunde am Tag, in der Sie nichts tun müssen, in der Sie Zeit haben für freie Aufmerksamkeit. Unsere Aufmerksamkeit ist ja die meiste Zeit so gebunden von verschiedensten Aufgaben, die wir lösen wollen. Dann prasseln viele Reize aus Mündern und Lautsprechern, von Bildschirmen und Plakaten auf uns ein. Und in den freien Momenten dazwischen bindet unser Denken unsere Aufmerksamkeit an sich. Wir reden innerlich unaufhörlich. Ein Strom von hundert Mal Gedachtem bindet unsere Aufmerksamkeit. Meditation ist der Ausstieg aus diesem Karussell. Sie führt mich durch die Tür des gegenwärtigen Moments in die Freiheit des Jetzt. Es ist ein Moment der Leere: einfach sein. Das ist alles.

Ablauf

Frau B meditiert und betet immer am Abend im Bett; dadurch kann sie besser einschlafen. Nun möchte sie auch untertags meditieren, um die Achtsamkeit noch mehr zu trainieren. Wir arbeiten gemeinsam einen Ablauf aus.

Einstimmungsphase mit Körperübungen: sich dehnen, strecken, zusammenkauern, sich abklopfen, oder einfach mal drei Minuten am Boden liegen, sich vorstellen, man liege im warmen Sand und die Fersen, das Becken, die Schultern, der Kopf sinken einfach durch das eigene Gewicht in den weichen Sand.

Die Absicht formulieren: Was will ich mit dieser Meditation? Was suche ich?

15 bis 20 Minuten Meditation in Stille; als Fokus Ihrer Aufmerksamkeit wählen Sie den Atem oder die innere Lebendigkeit oder sonst eine der hier beschriebenen Übungen.

Fünf Minuten Ausklang: sich wieder rekeln, gähnen, strecken, einsammeln des Erlebten, ein paar Stichwörter notieren, einen Blick aus dieser Sammlung heraus auf die kommenden Stunden werfen und sich fragen: „Was ist jetzt wichtig? Was mache ich zuerst?"

4 Das Leben als Meditation

Darauf läuft alle Meditation hinaus: ganz da und präsent zu sein, was immer ich tue. Die für Meditation reservierte Zeit ist eine Schulung, in die innere Stille zu finden und achtsamer zu werden. Meist hält die Achtsamkeit eine Zeit lang nach der Meditation noch an; aber irgendwann schalten Sie wieder den Autopilotmodus ein und fahren so halb bewusst dahin. Das Leben als Meditation zu gestalten oder anders herum formuliert achtsam und präsent zu sein im Alltag, das fördern Sie, wenn Sie ein Ding aufs Mal tun und nicht gleichzeitig Verschiedenes. Multitasking gilt in manchen Kreisen immer noch als fortschrittlich und modern. Menschen gehen über dicht bevölkerte Plätze und befahrene Straßen und telefonieren gleichzeitig: eine Form des *Feel good* durch Intensität, die durch Gleichzeitigkeit verschiedener Tätigkeiten erreicht wird. Intensität, nicht durch Vielerlei, sondern durch Tiefe, geht in die andere Richtung: das jetzt Wichtigste auswählen und sich ihm widmen, ganz dabei sein. Das schenkt Befriedigung, es gelingt auch viel besser. Sie werden seltener für Sie wichtige Dinge irgendwo liegen lassen, werden sich weniger anschlagen und in Hindernisse oder Menschen hineinrennen, weil Sie achtsamer sind. Sie werden beim Autofahren ein sicherer und verlässlicherer Verkehrsteilnehmer sein, weil Sie einfach Autofahren, ganz da sind, bei dem sind, was Sie tun. Sie werden seltener geliebte Menschen verletzen, weil Sie unachtsam und gestresst etwas sagen. Sie werden seltener Beziehungen belasten, weil Sie zuhören, wirklich da sind und nicht nur so tun als ob. Vor allem bei Kindern ist es besonders wichtig, ganz da zu sein, wenn wir mit ihnen zusammen sind, und genau bei ihnen erlauben wir es uns, bei der Zeitung zu sitzen, mit den Gedanken im Fernen Osten zu sein, kurz aufzuschauen und zu unserem Kind zu sagen: „Das ist hübsch, was du da machst." Kinder lernen so von uns das halbe Da-Sein. Die Unaufmerksamkeit wird zur Tugend. In der Straßenbahn sah ich eine Frau, die schon zum Aussteigen bereit an der Türe stand. Sie hatte einen Schlüssel in der Hand, die Hand in Bauchhöhe vor sich, der Schlüssel zeigte nach vorne. Im Geiste stand sie also schon vor ihrer Wohnungstüre, bereit sie aufzusperren und die Tür zu öffnen. Es ist ein wunderbares Bild: Sie steht vor der automatischen Türe der noch fahrenden Straßenbahn, als wollte sie diese mit ihrem Wohnungsschlüssel aufsperren!

Eine alte, einfache Geschichte bringt die Sache auf den Punkt:

> *Ein Weiser wurde nach dem Geheimnis seiner Weisheit gefragt. Er antwortete. „Wenn ich sitze, dann sitze ich. Wenn ich stehe, dann stehe ich. Und wenn ich gehe, dann gehe ich." „Aber das tun wir doch auch", erwiderten jene, die gefragt hatten. „Nein, das tut ihr eben nicht. Wenn ihr sitzt, dann steht ihr schon. Wenn ihr steht, dann geht ihr schon. Und wenn ihr geht, dann seid ihr schon angekommen."*

Wirklich zuhören, wirklich präsent sein: das ist die Zauberformel, da öffnen Sie sich dem Leben. Alles, was Sie im Laufe eines Tages in den Mund nehmen, ist einen Genuss wert, einen Moment, in dem Sie es sich auf der Zunge zergehen lassen und spüren, was es mit Ihnen macht, wenn Sie es hinunterschlucken. Eine einzelne Himbeere, die Sie im Mund behalten und sich auf die Zunge stecken, ist regelrecht elektrisierend. Haben Sie das schon einmal ausprobiert? Ein Schluck frisches Wasser ist so etwas Köstliches! Ich finde, Geschäftsessen sind eine schlechte Erfindung. Viel sinnvoller scheint mir zu sein, zuerst miteinander etwas Feines zu essen, sich daran zu freuen und anschließend, zufrieden und gesättigt, einander aufmerksam zuzuhören und Pläne zu schmieden. Unser Leben wird viel sinnvoller, wenn wir unsere Aufmerksamkeit mehr bei unseren Sinnen verweilen lassen. Es braucht nur die Verlagerung weg vom Denken hin zum Spüren. Achten Sie einmal darauf, welche Dialoge Sie beim Duschen führen, wem Sie was erklären vielleicht schon am frühen Morgen, welche Dispute Sie führen, während wunderbar warmes oder heißes Wasser über Sie strömt. Einer der herrlichen Momente eines Tages, der nicht an uns vorbeigehen sollte. Duschen Sie bewusst. Spüren Sie mit ihrem größten Sinnesorgan, der Haut, wie das Wasser an Ihnen hinunterperlt. Wenden Sie sich der Arbeit erst dann zu, wenn sie dran ist, dann dafür mit ganzer Aufmerksamkeit. Nehmen Sie die Treppen wahr, die Sie hinauf- oder hinuntergehen. Nehmen Sie den Türgriff bewusst in die Hand. Spüren Sie Ihre Drehung, Ihre Bewegung, Ihren Atem.

In der Meditation nennt man dieses Vorgehen die Einspitzigkeit: den Geist auf ein Ding lenken und darauf ruhen lassen. Man kann sozusagen einen Dorn, den man sich eingezogen hat, mit einem anderen Dorn herausholen. Mit einem Gedankenstrahl, der konzentriert auf etwas gerichtet ist, bringen Sie alle anderen Gedanken zum Schweigen. Sich einer Sache ganz widmen, ist auch die Voraussetzung, dass Sie in einen Fluss des Erlebens hineinkommen. Es hat sich das englische Wort *Flow* dafür eingebürgert. Dieses Erleben stellt sich ein, wenn Sie ganz bei einer Sache sind. Der Schwerpunkt der Aufmerksamkeit sinkt von der Zeitkurve hinunter ins Sein. Was damit gemeint ist, wird im vierten Abschnitt der Reflexionen beschrieben. Ihnen wird die Zeit weniger wichtig, Sie vergessen die Zeit regelrecht. Sie vergeht wie im Flug oder dehnt sich weit aus, sodass ein kurzer Moment ganz intensiv und reich erfahren wird. Das ist ein Charakteristikum des Flow. Was es dafür vor allem braucht, ist die Aufmerksamkeit Ihres ganzen Wesens.

Sie können Ihre Aufmerksamkeit im Alltag durch Mini-Meditationen immer wieder aktivieren. Sie machen einfach einen tiefen Atemzug, den Sie vom Anfang bis zum Schluss spüren. Probieren Sie es gerade jetzt, während Sie diese Zeilen lesen aus! Sie spüren, wie die Luft durch die Nase in Sie hineinströmt. Sie spüren, wie sich ihre Lungen füllen und dadurch der Brustkorb gedehnt, die Bauchdecke gehoben wird. Sie spüren einen Moment lang die Fülle und Kraft des Einatmens. Und Sie spüren die Entspannung, die sich einstellt, wenn die Luft wieder aus Ihnen herausfließt. Während dieser vier oder fünf

Sekunden haben Sie nicht an etwas anderes gedacht. Sie haben innegehalten, den Strom ihres Denkens unterbrochen und Ihre Aufmerksamkeit in Ihren Körper und damit in den gegenwärtigen Moment verlagert. Diese Übung braucht keinen Aufwand und lässt sich überall durchführen. Es ist normal, dass jemand mal tief durchatmet. Sie kehren dadurch immer wieder zu sich selbst zurück. Sie werden dadurch jedes Mal ein Stück aufmerksamer für das, was jetzt ist, jetzt geschieht. Wenn Sie diese Übung häufig am Tag machen, entfaltet sie eine starke Wirkung.

Und am Abend nehmen Sie sich in einem ruhigen Moment ein paar Minuten Zeit und sammeln die Perlen ein, die heute auf Ihrem Weg lagen. Sie beginnen damit, sich daran zu erinnern, was das erste Gefühl, der erste Gedanke war, mit dem Sie am Morgen erwachten. Von dort aus gehen Sie im Geiste noch einmal den Weg, den Sie durch diesen Tag gegangen sind, und halten an jenen Stellen kurz inne, da Sie etwas berührt hat. Meist sind es ganz kleine Dinge: ein Musikstück, der Blick in die Augen eines Menschen, ein Moment mit einem Kaffee auf den Lippen in der Sonne, ein Gespräch, das in Ihnen etwas zum Klingen gebracht hat, ein Erfolg, ein gemeinsames Lachen über ein kleines Missgeschick: Das Erkennungszeichen, dass es eine Perle ist, ist Ihre Resonanz, Ihre Berührtheit, ob fröhlich oder traurig. Etwas ist aufgeblitzt, hat aufgeleuchtet und Ihr Herz sich öffnen lassen. Heben Sie diese Momente auf, lassen Sie einen nach dem anderen nochmals auf der Zunge zergehen und nehmen Sie die Kraft dieser Berührung in sich auf.

Die Viertelstunde am Abend, da er am Fenster stand und den Tag nochmals an sich vorbeiziehen ließ, war auch eines der Geheimnisse von Herrn Fusi, dem Friseur und Freund von Momo in der wunderbaren Geschichte von Michael Ende. Die grauen Männer wurden seiner erst habhaft, da er sich einreden hatte lassen, diese Viertelstunde wäre verschwendete Zeit, genauso wie der Moment mit der behinderten, von ihm aber geliebten Frau, der er Blumen brachte, eine Vergeudung sei. Mitnichten – es waren Perlen, die sein Erleben reich machten.

Die Aufmerksamkeit auf Gelungenes legen

Durch Meditation werden Sie sich der eigenen Aufmerksamkeit bewusster und können Sie dadurch auch bewusster steuern. Das eröffnet die Möglichkeit, die Aufmerksamkeit mehr auf Gelungenes zu legen. Das ist die berühmte Geschichte vom halb leeren oder halb vollen Glas. Sie ziehen Ihre Aufmerksamkeit also bewusst ab von problembesetzten Gedankengängen und lenken Sie auf Wünschenswertes. Welche Wirkung hat ein Chef auf das Selbstwertgefühl und die Motivation seiner Mitarbeitenden, wenn er das Gelungene im Blick hat? Das ändert das Arbeitsklima. Freude, Wohlwollen, Entspannung werden spürbar, Druck und Stress lassen nach, Motivation und Kreativität beginnen zu fließen.

Das lässt sich auch auf das eigene Leben anwenden. Sie können sich selbst mit Ihren verschiedenen Anteilen als Team betrachten. Da gibt es die verschiedenen Gefühle, die optimistischen und die vorsichtigen, da ist der Körper, der Verstand, der Wille, Ihr Herz, Ihre Seele, Ihre Intuition, Ihr Unbewusstes. Alle zusammen bilden das Team, das Sie sind. Sie sind der Chef. Was passiert, wenn Sie den kritischen Blick drauf haben? Nichts ist gut genug. Alles könnte immer besser sein. Was aber geschieht, wenn Sie Ihre Aufmerksamkeit auf Gelungenes lenken, wenn Sie stolz sind auf Ihr Team? Probieren Sie es aus.

Was ist schön an diesem Moment? Der Vergleich, dass es anderen Menschen auf der Welt schlechter geht als Ihnen, hilft meist nicht. Denn es ist ein Gedanke. Sie müssen es spüren, was Sie an Schönem entdecken, einen Geschmack davon auf die Zunge bekommen.

Sie können sich ein Glückstagebuch anlegen. Darin notieren Sie jeden Tag zumindest einen Moment, der Sie innerlich berührt hat. Mit der Zeit entsteht Ihr Buch voller Glücksmomente, ein kleines Schatzkästchen glitzernder Perlen, die Sie alle selbst gefunden haben. Dieses Schatzkästchen kann sehr hilfreich sein. Sie nehmen es hervor, stöbern darin, lassen sich vom Glanz einzelner Perlen berühren. Das Leben verändert sich, wenn Sie Ihre Aufmerksamkeit mehr auf Gelungenes lenken, wenn Sie das halb volle Glas sehen. Sie geben dadurch problembezogenen Gedanken automatisch weniger Raum. Gedanken sind Samen: Was Sie denken, streuen Sie aus wie Samen. Sie werden aufgehen. Gedanken sind auch wie Brillen: Die Welt sieht ganz anders aus, ob Sie durch verschmierte, rußige Scheiben problembehafteter Gedanken auf sie schauen oder durch klare, vom Glücksgefühl zugeschliffene Gläser.

II Bewegungen

Im vorherigen Kapitel haben wir Übungen beschrieben, die helfen, die eigene Tiefe zu entdecken. Nun macht es aber einen großen Unterschied, in welcher Haltung ich eine Übung mache. Wenn ich eine Meditation mit spielerischer Neugier mache „Ah, wie ist denn das? Was passiert denn da?“, wird etwas anderes geschehen, als wenn ich verbissen daran herangehe: „Das muss doch gehen!“ Im ersten Fall werde ich etwas entdecken, was auch immer, im zweiten Fall werde ich angespannter werden. Meditation ist nicht automatisch hilfreich im Leben eines Menschen. Es hängt ganz davon ab, wie sie praktiziert wird. Auf die Ausrichtung kommt es an. Mit welcher Bewegung gehe ich an die Meditation heran und welche Bewegungen in mir stärke ich durch Meditation und Achtsamkeit? Das Wie ist wichtiger als das Was. Wie mache ich das, was ich mache? Das eingangs erwähnte Beispiel mit der Verbissenheit ist nicht zufällig gewählt. Meditation wird häufig eingesetzt aus dem unbewussten Wunsch heraus, mehr Kontrolle über das Leben zu bekommen. Wenn es mir mit meinem Willen nicht gelungen ist, vollständige Kontrolle über mein Leben zu gewinnen, so soll die Spiritualität jetzt den Weg öffnen zu dem, was ich will.

1 Vom verbissenen Üben zum neugierigen Forschen

Es gilt Neuland zu entdecken, die Tiefe meines Daseins zu erkunden, Muster meines Verhaltens zu durchschauen und so an innerer Freiheit zu gewinnen. Das ist spannend, aufregend und bisweilen – wie bei Entdeckungen ganz normal – auch anstrengend und gefährlich. Will ich etwas entdecken, brauche ich Interesse. Irgendetwas habe ich „gerochen". Ich ahne, dass es da etwas gibt, was für mich wichtig ist. Diese Haltung des Forschens führt weiter. Es gibt dafür auch einen anderen Ausdruck: Anfängergeist. Eine neue Beziehung zu beginnen, den ersten Satz in ein neues Heft zu schreiben, eine neue Arbeit anzufangen: das hat etwas Aufregendes. Wir sind hellwach, mit ganzer Aufmerksamkeit dabei. Beim Meditieren erliegen wir schnell der Versuchung, ein bestimmtes Gefühl (wieder-)finden zu wollen. Der Anfängergeist bewahrt uns davor, unseren Vorstellungen zu folgen, wie wir meinen, dass es sein sollte. Auch die fünfte und die fünfzigste und die fünfhundertste Meditation werden mich mit Wesentlichem in Berührung bringen, wenn ich Sie im Anfängergeist angehe. So kommen wir im Meditieren weg von richtig oder falsch und werden zu Erfahrenden. Wir erfahren, was jetzt geschieht. Wir erforschen die Oberfläche und die Tiefe unseres Geistes.

Interesse, Neugier wird in mir von etwas geweckt, das mich anzieht, in mir etwas zum Klingen bringt. Wir können es nicht genau benennen, aber wir spüren es. Das

Ziel zieht mich an. Vielleicht begegne ich einem Menschen, der eine Ruhe und Kraft ausstrahlt, die ich mir wünsche. Seine oder ihre Präsenz weckt in mir ein schlummerndes Potenzial. Ein Sog entsteht, es zieht mich hin. Das ist etwas ganz anderes als Druck: Das muss bis dann und dann gemacht sein; das oder das muss sich ändern; das muss ich haben etc. Der Sog folgt wie das Wasser dem Gefälle. Schwerkraft ist auch Sog. Ich folge dem, was mich anzieht. Das Finden ereignet sich; es ist ein Entdecken. Es war schon da, sonst hätte ich es ja nicht gespürt. Nun ziehe ich die Decke weg von dem, was mich anzieht. Beim Meditieren entdecken wir uns selber. Wir durchschauen unsere Vor-stellungen – das, was wir vor die Wirklichkeit stellen – und sehen, was ist. Wir erleben Ent-Täuschung um Ent-Täuschung. Konrad Lorenz, der als Mutter der Graugänse berühmt wurde, sagte, das Wichtigste für einen Forscher sei, dass er jeden Morgen eine seiner Lieblingshypothesen über Bord wirft. Er will der Wahrheit näherkommen, also muss er das, was ihn daran hindert, loslassen.

2 Von der äußeren Haltung zum Aufrichten von innen

Gerade am Anfang einer Meditation hat man oft den Eindruck, dass man das nur rein äußerlich macht. Gedanken könnten sein: „Eigentlich ist mir gerade gar nicht danach, mich aufzurichten. Ich sollte es dann tun, wenn mir wirklich danach ist, sonst hilft es ja gar nicht“. Tatsächlich wirkt die äußere Haltung jedoch auf die innere. Probieren Sie es aus, ja, gerade in diesem Moment, da Sie diese Zeile lesen. Richten Sie sich langsam zu Ihrer vollen Größe im Sitzen oder Stehen auf. Atmen Sie tief ein und aus. Entspannen Sie sich in der aufrechten Haltung. Diese Aufrichtung kann auf eine Art von innen her geschehen, dass man es Ihnen von außen gar nicht anmerken würde, dass Sie sich gerade aufrichten. Aber Sie selber merken es. Spüren Sie, dass Ihre Wachheit zugenommen hat und Sie Ihre Präsenz besser spüren? Dass Sie mehr da sind?

Die äußere Haltung wirkt auf Ihre innere Haltung. Es wird sich am Anfang vielleicht etwas künstlich und anstrengend anfühlen, aufrecht zu sitzen, aber es wirkt. Je mehr Sie es machen, umso mehr werden Sie von Innen her spüren, welche Haltung Ihnen jetzt gut tut. Das Bedürfnis, aufrecht und entspannt zu sein, wird zunehmen. Sie werden schneller merken, dass Sie Ihre Schultern wieder hochgezogen haben – um sich zu schützen? Durch Meditation verstärken Sie Ihr subtiles Körperbewusstsein. Sie verankern sich mit Ihrem Bewusstsein tiefer im Sein und werden dadurch gelassener, spüren mehr Vertrauen in den Fluss der Ereignisse, folgen entspannter dem Strom des Lebens. Das wird in Ihrer Haltung sicht- und spürbar. Ihre innere Haltung formt Ihre körperliche Haltung. Wer tief in sich selbst verankert ist und das Glück in sich schon gefunden hat, tritt anders auf als jemand, der krampfhaft dem Leben hinterrennt.

Das ist also ein Wechselspiel: Ihre innere Haltung formt Ihre äußere Haltung. Aber über die äußere Haltung können Sie auf Ihre innere Haltung einwirken. Indem Sie eine gewisse äußere Haltung einnehmen, erinnern Sie Ihr ganzes System an eine innere Wahrheit. Das ist eine wichtige Information für Krisensituationen. Sie holen sich selbst her über den Körper. Sie stellen sich der unangenehmen Erfahrung zuerst ganz äußerlich. Sie bleiben stehen, halten inne, richten sich auf, atmen einmal tief durch. Vielleicht legen Sie Ihre Hand auf das Herz, die andere auf den Bauch und versuchen so drei, vier Atemzüge lang sich wieder zu spüren und aus dem roten wieder in den gelben und später in den grünen Bereich zu kommen, in dem Sie klar denken können. Eine Meditationshaltung ist eine Haltung der Sammlung. Mit der Zeit können Sie die Sammlung auch ohne Meditationshaltung aufrufen. Sind Sie jedoch wieder einmal nervös, gereizt, fahrig, kann die äußere Haltung der Sammlung Ihnen wieder zur inneren Sammlung helfen.

3 Von großen Bewegungen zu immer kleineren

Frau K war heute zum siebten und letzten Mal bei der Gruppentherapie. Sie fasste ihre Erfahrungen vor der Gruppe folgendermaßen zusammen: Sie habe lange nicht verstanden, worum es da geht und was sie machen solle. Sie habe sich immer was Großes vorgestellt, was da passieren würde, wenn sie es richtig machen würde. Sie brauchte also lange, erst jetzt sei ihr der Knopf aufgegangen. Vor einer Woche war es in der Zweierarbeit die immer wiederkehrende Frage: „Wie verhinderst du den Kontakt mit deinem Innern?" Das war hart, aber hilfreich für sie. Es sei ihr gedämmert, wie sie selbst – ohne sich dessen bewusst zu sein – den Kontakt mit ihrem Innern verhindere. Gestern beim Meditationskurs ist ihr klar geworden, dass man nicht ohne Übergang in die Entspannung und Meditation gehen kann, sondern zuerst den Körper spüren muss. Gestern habe sie das erste Mal die innere Stille wahrgenommen und das sei wunderbar gewesen.

Ein abrupter Übergang vom Tätigsein ins Stillsitzen ist schwierig. Man sitzt dann zwar still da, aber innen drinnen geht es rund. Die Dynamik der vorherigen Bewegung hat sich ins Denken verlagert, innere Unruhe ist die Folge. Hilfreicher ist es, den Emotionen ein wenig Ausdruck zu verleihen, indem ich mich kraftvoll bewege, rufe, töne, singe, stöhne, mich ausschüttle, den eigenen Körper als Trommel nutze und so weiter. Patienten, die von eher sitzenden Tätigkeiten wie Gesprächen oder Gruppentherapien kommen, versuche ich zuerst, in Bewegung zu bringen, sonst denkt es einfach weiter. Bewegen auf eine lustvolle Art und Lachen sind die beste Medizin. Nach und nach lasse ich die Bewegungen kleiner werden, gehe in eine sitzende Haltung über, kreise mit dem Kopf, den Schultern, dem ganzen Oberkörper und lasse auch diese Bewegungen immer kleiner werden, bis ich in meiner Mitte ankomme. In diesem Moment gehe ich mit meiner Aufmerksamkeit zu den Bewegungen in mir, die immer stattfinden, auch wenn ich ruhig sitze oder schlafe: Atem und Herzschlag. Das ist ein wunderbarer Anker für die Aufmerksamkeit. Ich bin da und spüre meinen Atem kommen und gehen und werde still dabei. Gedanken, die auftauchen, nehme ich wahr – „Ah, ein Gedanke" – und beschäftige mich nicht weiter mit ihnen. Denn meine Aufmerksamkeit liegt bei der Bewegung meines Atems. Ich gehe noch weiter nach innen, spüre meine innere Lebendigkeit, die innere Stille. Wenn ich kann, bleibe ich in dieser inneren Stille. Sobald Gedanken mich zu beschäftigen beginnen, gehe ich mit meiner Aufmerksamkeit wieder zur Bewegung des Atems.

Ich begegne immer wieder der Vorstellung, beim Meditieren müsse man ganz regungslos und ohne Gedanken sein. Diese Vorstellung hält Menschen verständlicherweise vom Meditieren ab. Sie ist auch nicht zutreffend. Beim Meditieren richte ich meine Aufmerksamkeit auf Bewegungen. Nur gehe ich immer mehr nach innen dabei und wähle immer feinere Bewegungen. Da ist immer etwas, was ich wahrnehme. Die Erfahrung der inneren Stille und Leere ist etwas, was sozusagen von hinten kommt und sich nicht anstarren und herbeimeditieren lässt.

4 Vom Ausdruck in die Stille – von der Stille in den Ausdruck

Diese Bewegung ist der eben beschriebenen ähnlich. Zu Beginn einer Meditation ist es oft hilfreich, bevor man still wird erst einmal laut zu werden. Die Stille ist lebendig, beweglich, dynamisch und ganz in sich ruhend. Unser Still-Werden darf kein Stumm-Werden sein: stumm, erstarrt, gelähmt, wie eine Flechte am Stein die Trockenheit überdauernd. Die innere Stille ist lebendig. In ihr sind alle Geräusche, Klänge und Bewegungen daheim, die wir kennen. Sie ist dem Geflirr des Urwaldes viel ähnlicher als der Totenstille auf dem Mond – und ist doch beides, umfängt alles. Wenn mich Meditation zum Erstarren verleitet, kann ich die Lebendigkeit jedoch nicht mehr zulassen. Da hilft der Ausdruck: summen, tönen, singen – auch laut, wenn es die Nachbarschaft zulässt, seufzen, Kampfschreie ausstoßend, Ärgergrollen spielerisch oder halb ernst zum Ausdruck bringen, knurren, winseln – das Tierreich bietet unzählige Möglichkeiten, sich auszudrücken, die eigene Stimmungslage anzudeuten, zu modulieren, mit ihr zu experimentieren und zu spielen. Wenn der Ausdruck über die Stimme nicht möglich ist, kann man sich auch des Schreibens bedienen. Zwei leere Blätter und einen Stift in die Hand nehmen und drauflosschreiben, was mir einfällt, einfach schreiben, schreiben, schreiben, ohne Punkt und Koma, ohne Rücksicht darauf, ob das gescheit oder spirituell ist, was ich da schreibe. Es geht nur darum, mich auszudrücken, herauszulassen, was drin ist in mir, was immer es auch ist.

Mit der Zeit werde ich von selbst ruhiger. Es tritt das Bedürfnis ein, einfach zu sein und zu hören. Ich bin bereit für die Meditation. Ich werde still.

In der Stille kommt früher oder später von selbst das Bedürfnis, einen Ausdruck zu finden für das, was in mir vor sich geht. Vielleicht mache ich nach der Meditation einfach ein paar Stichworte zu dem, was mir jetzt aufgefallen ist; vielleicht entsteht ein Gedicht, ein Text, ein Bild. Vielleicht kam mir während der Stille jemand in den Sinn, etwas in mir kam zum Klingen beim inneren Kontakt mit diesem Menschen. Nun nehme ich ein Blatt Papier und schreibe ihm oder ihr eine Karte, einen Brief, ein Mail, finde einen Ausdruck für das, was in der Stille auftauchte. Vielleicht kommen mir nun Ideen, die ich mir notiere oder gleich umsetze. Das Formlose will Ausdruck, Gestalt annehmen. Ich gebe ihm eine Form, das ist ein schöpferischer Prozess. Es ist schön, aus der Welt der Formen ins Sein zu finden, in die Stille, in die Leere. Ebenso schön ist es, aus der inneren Leere und Stille heraus etwas zu erschaffen, zu formen – ob es nun ein Text, ein Blumenstrauß, eine Einladung oder ein Projekt ist.

5 Von der Konzentration zu anstrengungsloser Aufmerksamkeit

Ein Patient brachte es sehr gut auf den Punkt: „Man soll also nur so viel Konzentration einsetzen, dass man bei der Sache bleibt und sich im Übrigen möglichst entspannen.“ Genau wie bei der aufrechten Meditationshaltung: Sie spannen nur so viele Muskeln an, wie Sie unbedingt brauchen, um sich aufzurichten, und alle anderen Muskeln entspannen Sie. Der natürliche Zustand unseres Geistes ist entspannte Wachheit. Ohne Anstrengung ganz da sein. Das sind wir nicht gewohnt. Wir haben gelernt, uns anzuspannen und zu konzentrieren. Meditation ist ein Verlernen von Anspannungsmustern. Sie wenden nur so viel Konzentration auf, wie Sie brauchen, um beim Atem zu bleiben. Sie lassen alles andere los: das Ziel, was dabei herauskommen soll, Ihre Vorstellungen von richtig und falsch. Die Anstrengungslosigkeit ist ein wichtiger Hinweis, dass die Richtung stimmt. Vimala Thakar beschreibt die anstrengungslose, all-einschließende Aufmerksamkeit folgendermaßen:

> *„Das Stillstehen des gänzlichen denkenden Bewusstseinsfeldes lähmt das Handeln nicht, man zieht sich nicht von der aktiven Welt zurück, in der Stille wird keine Ihrer Fähigkeiten betäubt. Im Gegenteil, der Stillstand jeglicher Bewusstseinsaktivität regt Ihr gesamtes Sein an, jede Pore wird lebendig. Es ist darum ein enormes Ereignis, wenn das ganze Sein in*

Aktion tritt und sich mit dem Leben bewegt. Jede Bewegung schafft Umwandlung. Die Forscher der Physik und Nuklearphysik wissen das. Jede Bewegung im Atom bewirkt eine qualitative Änderung in der Substanz, aus der es besteht.

Erkennen Sie, was es heißt, wenn Stille das ganze Sein durchdringt? Das heißt Klarheit. Wenn der ganze Sinn still wird und alles davon durchdrungen ist, wenn man keine Motive, keine Ziele vor sich sieht, nichts mehr zu gewinnen und nichts zu retten hat, arbeitet kein Abwehrmechanismus. Ihr ganzes Wesen ist sich dessen klar bewusst, was innerhalb und außerhalb Ihrer selbst vorgeht, von Kopf bis Fuß. Und so werden Sie selbst mit Leib und Seele zur Bewegung der Erkenntnis. – Oh, welche Schönheit, wenn man sie nur beschreiben könnte.

Vimala Thakar[1]

6 Vom Wollen zur Entschiedenheit

Warum tun wir bestimmte Dinge und andere nicht?

Warum putzen wir uns – jeden Morgen, und nicht nur dann und wann – die Zähne und warum tun wir andere Dinge am Morgen nicht? Andere Dinge, die wir uns vielleicht schon oft vorgenommen haben?

Warum gehen wir jeden Morgen – so wir eine Arbeit haben – zur Arbeit? Wir überlegen uns nicht jeden Morgen, ob wir das heute wirklich tun wollen.

Die Antwort ist einfach: weil wir uns dafür entschieden haben. Wir wollen es nicht nur tun, wir haben uns innerlich entschieden, es wirklich zu tun. Es macht nicht immer Spaß, Zähne zu putzen, aber wir haben es als notwendig erkannt und machen es deshalb. Vielleicht waren es Erfahrungen mit Zahnschmerzen und Zahnarztrechnungen, die uns zur Entschiedenheit gebracht haben, gut für unsere Zähne zu sorgen und nicht mehr jeden Tag die Frage zu stellen, soll ich oder soll ich nicht. Dass ich mich wasche und mich frisch mache, entspringt meinem Bedürfnis, mich zu reinigen und zu erneuern. Eine tägliche Meditation ist ein vergleichbarer Vorgang. Ich spüre, dass ich diesen Moment des Innehaltens brauche, dass ich mich dadurch innerlich reinige und regeneriere, dass es irgendwie Not-wendend für mich ist, in die innere Stille zu finden.

Ich kann es selber! Sich selbst regulieren zu können, ist ein tiefes Bedürfnis von uns. Umso mehr wir es beherrschen, umso größer ist die innere und äußere Freiheit. In der Meditation entdecken viele Menschen sehr schnell eine Möglichkeit, sich selbst besser spüren und innerlich steuern zu können. Eine Entschiedenheit wächst, den Muskel der Aufmerksamkeit zu trainieren und zu stärken.

7 Von der Selbstabwertung zum Selbst-Mitgefühl

Das Selbstwertgefühl zu steigern ist ein schwieriges Unterfangen, vor allem dann, wenn man sowieso wenig davon hat. Leichter ist es, ein Mitgefühl für sich selbst zu entwickeln. Wie? Durch Achtsamkeit steigert sich die Wahrnehmungsfähigkeit. Hatte ich zuvor noch den Eindruck, dass nur ich in einer schwierigen Lage bin, nur ich mich so unmöglich gebärde, so merke ich durch Achtsamkeit relativ bald, dass die grundlegenden Prozesse bei allen Menschen ähnlich sind. Ich habe keinen Grund, mich schlecht zu machen. Es ist menschlich, sich Schritt für Schritt durchs Leben zu suchen, mit Versuch und Irrtum herauszufinden, wo es jetzt weitergeht, sich zu sehnen, zu ärgern, zu sorgen, mal oben, mal unten zu sein – alles kein Grund, mich zu verdammen. Durch die Achtsamkeit wächst die Fähigkeit, von einem inneren Zeugen aus alles wahrzunehmen, was geschieht ohne zu urteilen. So wie mit anderen wächst dadurch auch ein Mitgefühl mir selbst gegenüber: „Ja, genau, so kann es einem gehen; das ist menschlich; es ist in Ordnung, so wie es ist." Wenn zu unangenehmen und herausfordernden Situationen nicht auch noch die Selbstverurteilung dazukommt, ist schon viel gewonnen. Dann ist „nur" noch die eigentliche Herausforderung zu meistern. Meine Kraft ist nicht durch Selbstzweifel und andere innere Kämpfe gebunden. Wenn man vor einer Prüfung steht, zum Zahnarzt muss, vor Leuten spricht, dann ist man eben aufgeregt und angespannt. Ich kämpfe nicht gegen mich, sondern gehe mit den Phänomenen, die in mir auftauchen, weiter.

Gerade Suchtkranke erleben sich ganz häufig durch sich selbst und durch andere abgewertet. Häufig werden sie von Gefühlen der Scham begleitet. Die Scham, versagt zu haben, ist ein wichtiges Element in der Suchtspirale. Durch Meditation ein Mit-Gefühl für sich selbst zu entwickeln, ist da ein großer Fortschritt, weil dadurch der Dynamik des Schämens, Sich-Versteckens, Verheimlichens die Kraft entzogen wird. Stattdessen entsteht ein achtsamerer, nicht-wertender Zugang zu den eigenen inneren Prozessen.

8 Vom Haben zum Sein

Es ist die große Sucht unserer ganzen Zivilisation, das Glück im Außen, in den Formen finden zu wollen: im Geld, im Besitz, in der Partnerschaft, in der Karriere, im Erfolg, in Konzepten, in der Macht. Den Frieden mit uns selbst finden wir auf diesem Weg nicht. Das Gefühl von Sicherheit, angekommen zu sein, stellt sich so nicht ein. Denn es liegt auf einer anderen Ebene, nicht auf der Ebene des Habens, sondern auf der Ebene des Seins.

Eckhart Tolle drückt es so aus: „Die Stimme im Kopf, die niemals zu reden aufhört, bringt eine Zivilisation hervor, die besessen ist von Form und deshalb keine Kenntnis hat von der wichtigsten Dimension der menschlichen Existenz: dem Heiligen, der inneren Stille, dem Formlosen, dem Göttlichen.“[2] Oder mit den Worten von Jesus: „Was nützt es dem Menschen, wenn er die ganze Welt gewinnt, seine Seele aber verliert?“

Nun, das sind große Worte: das Heilige, das Formlose und Göttliche. Sie klingen nach weit weg und unerreichbar. Dabei genügt eine kleine Drehung Ihrer Aufmerksamkeit und Sie spüren das Kommen und Gehen Ihres Atems wieder oder das Kribbeln in Ihren Händen, Sie nehmen die Geräuschkulisse wieder bewusst wahr – und schon sind Sie in der Dimension des Seins. Sie ist ganz nah, nur den Bruchteil eines Millimeters unterhalb der Oberfläche dessen, was wir als Wirklichkeit wahrnehmen. Sie durchdringt alles. Es ist die kleine innere Drehung der Aufmerksamkeit, die große Veränderung bewirkt.

9 Von der Entspannung zur Transformation

Innere Ruhe finden, aus dem Gedanken- und Gefühlskarussell aussteigen, mich leichter entspannen können, die Dinge gelassener nehmen. Das sind häufige Beweggründe, die Menschen in einen ersten Kontakt mit Meditation und Spiritualität bringen. Durch Erfahrung, wie viel leichter ich mich in der Gegenwart fühle, als wenn ich im problembehafteten Denken surfe, erwacht dann häufig eine tiefere Seite im Menschen. Die Motivation zu meditieren bekommt mehr Tiefe. Ich ahne, dass ich gerade dabei bin, eine neue Dimension zu entdecken.

Wer den Schatz in seinem Inneren aufblitzen sieht, ist bereit, viel dafür herzugeben, um ihn zu erwerben. Er ist jedoch schon mein; es ist mein eigenes tiefstes Wesen, das da aufleuchtet. Was ich hergeben muss, sind alte Denk- und Wahrnehmungsgewohnheiten, die mich bisher erfolgreich davon abgehalten haben, den Schatz unter der alltäglich braunen Erde zu sehen. Ein Umbruch in meinen Wertesystemen wird stattfinden, eine Transformation beginnt.

10 Vom inneren Lärm zu innerer Stille

So wie äußeren, mit den Ohren hörbarer Lärm, gibt es auch inneren Lärm: die inneren Dialoge, das dauernde Reden in unserem Kopf, das meist problembeladen ist und entsprechend nervöse und angespannte Gefühlszustände in uns hervorruft. Sicher kennen Sie die Erfahrung, dass man sich an einem schönen stillen Ort in der Natur befindet, selbst aber nicht still ist, sondern unruhig und laut, ohne dass es einen bestimmten Grund dafür gibt. In diesem Buch haben wir nun Ansätze beschrieben, wie wir unsere Aufmerksamkeit dem Lauten in uns, dem Denken, entziehen können, indem wir sie auf etwas anderes richten. Je öfter wir die Dauerberieselung unseres inneren Radios unterbrechen können, umso freier wird unser Geist. Auch unser Denken erholt sich, wenn es aussetzt. Es wird dadurch frischer. Vielleicht können wir einmal nur dann denken, wenn wir es wirklich wollen und brauchen, dann dafür ruhig und klar. Denn unser Verstand ist eine wunderbare Kraft.

Die innere Stille und ihre Wirkung sind schwer zu beschreiben. Weil sie eine umfassendere Ebene unseres Seins darstellt, reichen Worte da nicht hin. Und wenn doch, dann sind es Worte von Mystikerinnen und Dichtern, die ihre Erfahrung auf uns übertragen können. Der folgende Text stammt von Pablo Neruda und trägt die Überschrift „Schweigt“.

Jetzt zählen wir zwölf
und wir rühren uns nicht.

Einmal auf Erden lasst
uns in keiner Sprache sprechen,
für eine Sekunde still stehen,
nicht so viel die Arme bewegen.

Das wäre eine leuchtende Minute
ohne Hast, ohne Lokomotiven,
alle wären wir beisammen
in einer augenblicklichen Ruhe.

Die Fischer des kühlen Meeres
würden den Walen nichts zuleide tun
und der Salzarbeiter
blickte auf seine zerfressenen Hände.

Sie, die grüne Kriege vorbereiten,
Gaskriege, Flammenkriege,
Siege ohne Überlebende,
würden sich ein reines Kleid anziehen
und mit ihren Brüdern spazieren gehen
im Schatten, ohne was zu tun.
Man verwechselt nicht, was ich will
mit der endgültigen Untätigkeit:
das Leben ist einzig, was man tut,
ich habe nichts im Sinn mit dem Tod.

Wenn wir nicht vermöchten, einträchtig zu sein,
obwohl wir in unser Leben so viel Bewegung tragen.
Vielleicht vermag einmal Nichtstun,
vielleicht ein großes Schweigen
diese Trostlosigkeit zu unterbrechen;
dieses UnsnieVerstehen,
dieses UnsmitdemTodBedrohen.
Vielleicht soll uns die Erde lehren,
wenn alles tot erscheint
und doch alles lebendig war …

Jetzt werde ich bis zwölf zählen
und du schweigst und ich geh fort.

Pablo Neruda[3]

11 Vom Immer-mehr-haben-Müssen zum Immer-weniger-Brauchen

In einer Suchtspirale bin ich, wenn ich von etwas immer mehr brauche, weil es immer weniger wirkt. In der Meditation gilt diese Regel ebenfalls: Je weniger „Stoff" ich brauche, umso mehr ich bei Wenigem bleiben kann, umso besser. Ignatius von Loyola, der Begründer der Exerzitien und des Jesuitenordens, bringt es folgendermaßen auf den Punkt: „Nicht das Viel-Wissen sättigt die Seele, sondern das Verkosten der Dinge von innen her."

> Klärung: Frau B sagte, sie werde in der Meditation still, leer im Kopf, mehr könne sie nicht (erreichen). Was sie denn sonst noch von der Meditation erwarte, frage ich sie. Dass sie Eingebungen habe, was sie tun soll, meint sie. Ich erkläre ihr, dass die Meditation sie empfänglicher mache. Die Einfälle, Eingebungen kommen dann irgendwann bei ganz alltäglichen Gesprächen oder Tätigkeiten. Sich empfänglich machen: das geschehe auch dann, wenn sie die ganze Meditation nur Unruhe gespürt habe. Auch da geschieht ein Sich-empfänglich-Machen in einer größeren Tiefe ihres Wesens.

III Grenzen

1 Inbetween are the doors: Die verschlossene Türe

There are things known
and things unknown
and inbetween are the doors.
Aldous Huxley

Für manche ist es schwierig, die Meditation als eine Türe zu erfahren, die sie in einen Raum von mehr Bewusstheit führt. Sie finden durch die Meditation nicht eine innere Stille, sondern fallen eher in einen unangenehmen Zustand der inneren Unruhe und können die Zeit des Stillseins nicht bewusst und für sich irgendwie sinnvoll erleben. Die Bewegung weg von äußeren Reizen nach „innen“ kann verstörend sein. Es ist vielleicht einfach langweilig, unbequem, vielleicht stellt sich Müdigkeit oder eine unangenehme Verspannung ein. Der Atem wird kürzer und es entstehen Gefühle der Angst. Man spürt einen Druck, als würde man in einem viel zu kleinen Zimmer sitzen und die Wände bewegen sich auf einen zu. Der nächste Impuls ist dann aufzustehen und zum gewohnten Alltag zurückzukehren.

Der Wechsel des Fokus von „außen“ nach „innen“ kann auch ganz andere Folgen haben. Es kann sein, dass einfach gar nichts geschieht. Keine inneren Wahrnehmungen beginnen sich zu entfalten, kein innerer Prozess kommt in Gang. Man befindet sich wie in einem emotionalen Loch: alle Sinne frieren ein. Es fühlt sich so an, als wäre man in einem Bahnhof, in dem kein Zug mehr durchfährt – geschweige denn hält. Man wartet und weiß nicht, worauf. Irgendwann ist die Zeit der Stille – oder wie auch immer man es nennen wollte – vorbei, und man hat nichts erlebt. Es ist, als hätte jemand in dieser Zeit einfach den Standby-Schalter gedrückt. Was war das? Ein schales Gefühl bleibt zurück, etwas nicht geschafft zu haben, ein Vorwurf an sich selbst, sich nicht öffnen, nicht loslassen zu können, und vielleicht auch eine Portion unterdrückter Ärger und Trauer.

Es kann sein, dass für jemanden, der ohne Weiteres in die Stille findet, das nicht einfach zu verstehen ist. Er ist wie ein Mensch, der abends rasch einschläft und jemanden, der nicht einschlafen kann, nicht versteht. Er wird bei sich denken, dass der andere sich einfach ganz entspannen sollte, aber diese Ideen zeigen nur die Ratlosigkeit auf, in der er im Blick auf das Verstehen des anderen steckt. Denn derjenige, der gut schläft, weiß nicht, dass der, der nicht gut schläft, die Türe zu dem Raum, in dem er sich loslassen könnte, nicht mehr findet. Ja, der leicht Schlafende weiß nicht einmal, dass da eine Türe ist, weil er – kaum hat er sich hingelegt und entspannt – schon drinnen ist, drinnen im Schlaf. So ähnlich geht es auch denen, die leicht in ihre innere Wahrnehmung finden: ein paar Worte, eine kleine körperliche Anleitung oder die Einladung, den Atem wahrzunehmen – und sie sind drin, in ihrer inneren Welt. Und es gibt die anderen, die sich das vielleicht auch wünschen, aber die Türe nicht finden oder sich so fühlen, als würden sie nur in der Türe stehen, ein Fuß drinnen, der andere bleibt draußen.

Es ist auch mit einer anderen Beobachtung vergleichbar: Für unser Bewusstsein sind bestimmte Muskeln in unserem Körper nicht da, weil wir sie nicht spüren. Natürlich sind sie da, das weiß unser Kopf, sie funktionieren auch, sonst würden bestimmte Bewegungsabläufe gar nicht funktionieren, aber sie sind nicht mit unserem Bewusstsein verbunden. Darum scheint es uns so, als wenn sie gar nicht da wären. Wir haben keine Möglichkeit, irgendwie in Kontakt mit ihnen zu kommen, und noch viel weniger, sie zu beeinflussen.

Die Schwierigkeit, in die Meditation einzusteigen, ist normal. Für viele bleibt der schwierige Einstieg auch später, nach jahrelanger Erfahrung, Teil ihrer Praxis. Es ist wichtig, mit sich freundlich zu sein, wenn es schwierig ist, und die Schwierigkeit selbst als Teil der Meditation anzunehmen. Es ist wichtig, dass man sich selber weder übergeht noch beschämt, sondern genau an dem Ort aufsucht, wo man jetzt gerade ist. Es gibt keinen anderen, besseren Ort, um mit der Reise zu beginnen.

Thomas ging hinaus in die Natur. Er hatte eine wichtige Frage für sein Leben im Kopf, eine Frage, der er alleine nachgehen wollte, in der Stille, umgeben von wilden Tieren, Gräsern und Bäumen. Er war geschützt von einer Gruppe von Frauen und Männern, die ebenfalls ihre eigene Zeit draußen verbrachten. Er hatte wenige Dinge dabei; unter anderem Wasser und eine Plane als Dach zum Schlafen. In der ersten Nacht draußen hörte er direkt unter sich eine Wildschweinfamilie und bekam Angst. Im anderen, normalen Leben war er Manager. Seine Aufgabe bestand darin, Probleme anzugehen und sie unter Kontrolle zu bringen. Das ging hier draußen in der Natur nicht. Er lag wie versteinert da und wartete, voller Angst, bis der neue Tag anbrach und die Schweine sich davon trollten. Am nächsten Abend wiederholte sich dasselbe Schauspiel. Wieder hörte er die Schweine, wieder lag er dort voller Angst, unfähig sich zu rühren, bis zum Morgen. Am dritten Tag packte Thomas seine Sachen und suchte sich einen neuen Übernachtungsort. Er suchte lange. Unterwegs auf seiner Suche rutschte er auf einem Hang aus und stürzte einige Meter nach unten, bis ihn ein Baum stoppte. Voller Kratzwunden und verstört brach er seine Auszeit ab und kehrte ins Lager zurück. Im Lager dachte er zuerst daran, seine Sachen zu packen und heimzureisen. Doch das tat er nicht. Er spürte, dass seine Reise nicht zu Ende war. Die Reise hörte im Lager nicht auf. Während er da auf die Rückkehr der anderen wartete, ging es für ihn jetzt darum, seinen Weg draußen zu verstehen, seine Grenzen zu spüren und sie mit wachem Bewusstsein zu verbinden.

Es ist diese Realität, die zählt. Die Realität der Schweine, der Angst und des Suchens. Das Gefühl, sich nicht entspannen zu können, weil etwas anderes die Aufmerksamkeit bannt, die Erfahrung, nicht innerlich ruhig zu werden, sondern angespannt oder leer zu bleiben. Das Gefühl, zu versteinern, die Kontrolle zu verlieren, abzustürzen, nicht zu wissen, was man jetzt tun soll. Wie auch immer die persönliche Grenze sich anfühlt, wie auch immer es ist, an dieser Schwelle zu campieren und was auch immer wir dort erleben, diese Schwelle ist es, die zählt. Wir brauchen Mut und die Unterstützung von Gefährten, damit wir nicht einfach unseren Rucksack packen und abreisen.

Bei der Türe sitzen

Stereogramme sind Bilder auf einer zweidimensionalen Fläche, die bei richtiger Betrachtungsweise ein dreidimensionales Bild erscheinen lassen. Wir müssen sie lange anschauen und dabei von einer allzu starren, konzentrierten Sichtweise wegkommen. Erst dann geschieht etwas. Die Fläche der Abbildung beginnt sich zu vertiefen und vor unseren Augen entsteht eine dreidimensionale Figur. Wir müssen die Aufmerksamkeit eher defokussieren als konzentrieren und dennoch ganz da bleiben. So ähnlich könnten wir den Weg in die Stille beschreiben für diejenigen Menschen, bei denen zunächst nichts passiert. Zuerst ist die innere Welt wie ein diffuses Feld ohne Abstufungen, ohne Grenzen, ohne Dynamik. Es braucht Zeit, einen langen Atem, damit sich die innere Welt zu differenzieren beginnt und wir etwas erkennen, spüren, hören, ertasten und schmecken können.

Ein *erster Schritt* besteht darin, all die Wahrnehmungen an der Grenze, der Schwelle, zu respektieren, ohne sie zu übergehen. Wir übergehen sie oft, weil sie uns unangenehm sind, weil wir sie nicht haben wollen, weil wir nicht einverstanden sind, dass sie überhaupt da sind. Aber offensichtlich sind sie da. Wir laden uns ein, sie dieses Mal nicht zu übergehen: weder indem wir sie einfach ignorieren und uns auf eine Technik konzentrieren und durchbeißen, noch indem wir uns von ihnen erschrecken lassen und nicht mehr weitergehen und unsere Sachen packen. Diesmal bleiben wir einfach dabei, bei diesem Gefühl der „verschlossenen oder halb offenen Türe". Wir bleiben dabei mit einem kleinen inneren Abstand. Dieser Abstand entsteht, indem wir zu uns sagen: „Aha, da ist ein Gefühl in mir, nicht hineinzukommen" oder „In mir ist jemand, der nicht weiß, was jetzt zu tun ist" oder „Da ist etwas Diffuses, Unangenehmes". Diesen Abstand in sich bewusst wahrzunehmen ist gleichbedeutend mit dem *zweiten Schritt*. Der Abstand bedeutet, dass man sich nicht aufsaugen lässt von den Gedanken innerlichen Nichtwissens, den Emotionen der Ungeduld oder Langeweile. Der Abstand bedeutet, dass es neben den Gedanken und Emotionen noch jemanden, eine innere Instanz gibt, die im Kontakt ist zu all diesen Gedanken und Emotionen. Diese Instanz, nennen wir sie den „inneren Beobachter", weiß auch noch nicht, wie es weitergeht. Aber im Hin und Her zwischen dem Beobachter und den Gedanken und Emotionen kann etwas Neues entstehen, ein frisches Gefühl, eine Farbe, eine Melodie. Dieses Neue, Frische ist der *dritte Schritt*.

Es ist ein langsamer Prozess, der da in Gang kommt, ein Prozess, durch den wir ganz nahe an den eigenen Wahrnehmungen bleiben. Der sogenannte Widerstand, der den Weg in die Stille zu versperren scheint, wird auf diesem Weg genauso verstanden wie alles andere, was in der Meditation geschieht. Ihm wird dieselbe Wertschätzung, derselbe Respekt entgegengebracht wie der scheinbar tiefsten Erfahrung, die wir in der Stille machen können. Er ist genau der Ort, an dem wir uns jetzt befinden, er ist genau *die* Türe, die uns weiterführt. Sie öffnet sich uns, indem wir dort, bei diesem Widerstand, dieser Grenze oder Schwelle bleiben. Indem wir genau dort unser Zelt aufstellen und das Feuer unserer Gegenwart entfachen.

Vor der Türe tanzen

Es gibt auch andere Möglichkeiten, mit den Gedanken und Energien, die an der verschlossenen Türe entstehen, umzugehen, sie für uns sogar zu nutzen. Wir können mit ihnen tanzen.

Tanz in allen Sinnen

Ein Tanz lässt sich inspirieren durch einen sogenannten Kanalwechsel. Kanäle sind in der Sprache der Prozesspsychologie die Wahrnehmungsmöglichkeiten, die uns Menschen zur Verfügung stehen, seien dies unsere Augen, Ohren, die Zunge, die Haut oder die Nase. Zudem spricht die Prozesspsychologie noch vom Beziehungskanal, der Art und Weise, wie wir mit anderen im Kontakt, in Beziehung sind.

Wir können die verschiedenen Kanäle, die wir Menschen haben, als verschiedene Türen betrachten und beobachten, durch welche Türe wir gemeinhin mit der Welt in Kontakt kommen und durch welche nicht. Sind wir es gewohnt, die Welt durch unsere Augen zu betrachten? Sind die Ohren unser erstes und geläufigstes Rezeptionsorgan? Oder nehmen wir die Dinge im Spüren wahr? Vermutlich lässt sich eine interessante Türe gerade bei dem Kanal finden, mit dem wir nicht vertraut sind und der nicht zu den primären, uns gewohnten Zugängen der Wahrnehmung gehört.

Kanalwechsel bedeutet, dass wir von einem Wahrnehmungskanal bewusst in einen anderen wechseln. Wenn wir zum Beispiel vor unserem inneren Auge etwas Bestimmtes sehen, können wir unser Ohr befragen, was es jetzt hört. Wenn wir ganz identifiziert sind mit einem Gefühl, können wir eine Bewegung suchen, die dazu passt. Vielleicht müssen wir experimentieren, beispielsweise verschiedene Bewegungen ausprobieren – bis wir spüren, welche Bewegung zu unserem momentanen Gefühl passt. Dann verstärken wir diese Bewegung solange, bis sich plötzlich, vielleicht auf einem anderen Kanal, eine neue Information einstellt. Ein Wort fällt uns zu oder in uns klingt eine Melodie, eine verschlossene Türe öffnet sich und wir sind unterwegs!

Tanz der Bewegungen

Ein Tanz lässt sich aber auch inspirieren durch die Kraft der körperlichen Empfindungen und Emotionen, die wir gerade erleben. Wir nehmen sie zuerst bewusst wahr, um sie dann zu verstärken:

Vielleicht sind wir verspannt. Zuerst nehmen wir die Verspannung erst einmal wahr: „Ah, genau da bin ich verspannt. Die Verspannung dehnt sich im Körper aus, ich hatte das gar nicht so genau bemerkt.“ Wir spüren in diese Spannung hinein, nehmen ganz genau wahr, wie sie sich anfühlt. Dann verstärken wir bewusst die Verspannung und beobachten, was sich verändert. Wir bringen sie dann in unseren ganzen Körper hinein, bis wir überall Spannung spüren, ja, bis wir nur noch Spannung „sind“. Dann lassen wir die ganze Spannung auf einmal los. Was geschieht jetzt? Wir erkunden unseren Körper, unsere Stimmung. Dann gehen wir wieder ganz in die Spannung hinein und lassen sie wieder los. Anspannen – loslassen. In beidem sind wir ganz bewusst und nehmen wahr, was in und mit uns geschieht.

Vielleicht spüren wir in uns eine Aggression. Wir gehen mit unserer Wahrnehmung in sie „hinein“. Wir beurteilen sie nicht, setzen uns nicht gedanklich mit ihr auseinander, sondern wir spüren einfach ihre Kraft. Dann lassen wir die Aggression größer werden und folgen ihr, folgen dem, was sie auslöst. Vielleicht ballt sich unsere Faust. Wir gehen mit der Bewegung mit, lassen die Bewegung sich entfalten. Vielleicht hilft uns dabei ein Widerstand, ein Kissen, eine andere Hand, damit die Faust in Aktion treten kann. Die Faust will vielleicht schlagen, wir lassen es zu, sie schlägt immer stärker, bis sie sich erschöpft. Daraus entsteht eine ganz neue Bewegung. Wir wissen nicht, wohin uns die Faust „führen" wird, welche Bewegungen entstehen. Wir experimentieren, gehen mit den entstehenden Bewegungen mit – bis wir die Bewegung gefunden haben, die passt. Wir spüren das, indem sich unser Körper als Ganzer entspannt, bis wir eine innere, körperliche Zustimmung spüren.

Dem Rhythmus der Bewegung, den wir gefunden haben, geben wir uns hin. Zugleich sind wir mit unserer ganzen Aufmerksamkeit dabei. Wir tanzen nicht nur, sondern wir nehmen uns zugleich ganz wahr als die, die tanzen.

Aufstehen

Vielleicht passt es nicht, bei dieser Tür zu campieren, weder sitzend noch tanzend. Auch die Einladung, alles was geschieht, als Thema der Meditation zu behandeln, wird nicht unter der Hand zu einem Dietrich, der scheinbar jedes Schloss zu öffnen vermag. Man mag sich dagegen entscheiden, mehr Zeit mit der aufkommenden Aggression oder irgendeinem anderen unangenehmen Gefühl zu verbringen. Man spürt vielleicht, dass diese Tür gegenwärtig nicht die ist, die es zu öffnen gilt oder die sich einem öffnen wird. Es ist wichtig, bei sich wahrzunehmen, welchen Weg man gehen will, und die eigenen Impulse dabei nicht zu übergehen. Es geht darum, sorgsam wahrzunehmen, welche Resonanz sich einstellt. Wenn beispielsweise immer mehr Druck entsteht, Aggression, die sich gegen das eigene Selbst wendet, nehmen wir wahr, wie es uns dabei geht, ob wir einen inneren Freiraum aufrechterhalten oder finden können, dabei bleiben oder ob wir in (alte) destruktive Muster geraten und uns zu verlieren drohen.

Vielleicht spüren wir mehr Kraft, mehr Weite, wenn wir uns darauf einstellen, jetzt aufzustehen und uns alltäglichen Dingen zuzuwenden.

2 Who's that girl, who's that boy? Die Stimmen

Eins der eindrücklichsten Phänomene, wenn wir uns der Stille zuwenden, ist der innere Lärm. Wir hören in der Stille eine Vielzahl von Stimmen, die sogleich in uns zu sprechen beginnen. Da werden Pläne gemacht für die nächsten Stunden oder Jahre, da werden schwierige Erlebnisse nochmals durchgesprochen, da tauchen längst vergessene Erinnerungen auf – und all das, so scheint es, manchmal fast gleichzeitig, bunt und schrill. Ein nicht zu kontrollierender Schwall von inneren Stimmen beginnt in uns zu reden, als ob von innen eine Quelle sprudeln würde, deren Ursprung wir nicht zu lokalisieren vermögen. Es ist, als ob unzählige innere Figuren nichts anderes getan hätten als zu warten: darauf, dass die Bühne endlich frei ist und sie ihre Botschaft, ihren Unmut, ihre Sorgen, oder was immer sie verkörpern zur Darstellung bringen können. Und wir sind – ob wir das wollen oder nicht – dazu angehalten, zuzuhören. Wir wurden nicht gefragt und wir haben auch keine Möglichkeit, die Stimmen zum Schweigen zu bringen. Wenn wir das versuchen, werden gleich wieder – wie Janusköpfe – neue Stimmen entstehen. Fast scheint es so, als ob der Versuch, die Stimmen zum Schweigen zu bringen, diese eher noch dazu animiert, kräftiger und subversiver sich zu artikulieren.

Die Stimmen ziehen lassen wie Wolken am Himmel: Der klassische Weg

Die klassische Antwort auf dieses Phänomen besagt, dass wir die Stimmen kommen und gehen lassen sollen – wie Wolken am Himmel. Wolken verändern sich in jedem Moment. Wir können sie nicht festhalten, aber wir können ihre Bewegungen, die entstehenden und sich wieder auflösenden Bilder, die durch den Wind entstehen, beobachten. Genauso gehen wir in der Meditation mit unseren Gedanken um. Wir beobachten sie, ohne uns mit ihnen zu identifizieren, wir bleiben in einem inneren Abstand zu ihnen. Wir sollen sie nicht zum Tee einladen, lautet dazu ein asiatisches Sprichwort. Wir sollen uns nicht mit ihnen „unterhalten". Das geschieht jedoch oft fast automatisch. Ohne dass wir es bemerken, sitzen sie bereits wieder an unserem Tisch.

Damit wir wach und gegenwärtig bleiben können, brauchen wir zunächst so etwas wie einen Anker, an den wir unseren Geist „anbinden" können. Dieser Anker kann der Atem sein, den wir spürend beobachten, es kann ein Wort sein, das wir innerlich wiederholen, es kann auch das Wahrnehmen einer körperlichen Berührung sein, der Hand beispielsweise, die auf unserem Bauch liegt.

Mit jedem Gedanken, der in uns auftaucht, mit jedem Gefühl, das wir verspüren, mit jeder Körperempfindung, die wir wahrnehmen, verfahren wir gleich. Wir nehmen sie zur Kenntnis und lassen sie bewusst wieder ziehen. Dabei mag uns das Bild der Wolken oder ein anderes Bild unterstützen. Zugleich bringen wir unseren Geist sanft und ohne Druck zurück zu dem von uns gewählten Anker. Wir sind entschieden, uns nicht forttreiben zu lassen von dem, was in uns entsteht, sondern im Augenblick des Gewahrwerdens die Führung über unser Bewusstsein wieder zu uns zu nehmen. Das mag oft geschehen, immer wieder werden wir vielleicht von inneren Prozessen in Beschlag genommen – und immer wieder, sanft und geduldig, lassen wir alles ziehen und wenden uns unserem Anker zu.

Die Stimmen meditieren: Begegnung mit dem inneren Chor

Ein anderer Weg, mit den inneren Stimmen und Stimmungen in uns umzugehen, besteht darin, sie nicht ziehen zu lassen, sondern uns ihnen zuzuwenden. Auch hier „laden wir sie nicht zum Tee ein", es geht nicht darum, sich in eine diskursive Dynamik verwickeln zu lassen, sondern darum, sie wie etwa ein Musikstück als Ganzes zu hören, wahrzunehmen und sie selbst damit zum Gegenstand der Meditation zu machen. Wir werden nicht zu Gesprächspartnern der Stimmen, indem wir die Themen weiterentwickeln, sondern zu Hörern, zu Beobachtern der *ganzen Szenerie*. Die Herausforderung besteht darin, uns (immer wieder) von der Versuchung zur Identifizierung mit ihnen zu lösen, uns ins Bewusstsein zu rufen, dass diese Stimmen sich laufend verändern und wir diese Stimmen nicht einfach *sind*.

Um dieser Identifizierung zu entgehen, hilft es, in sich so etwas wie eine Instanz, einen „inneren Beobachter“ zu etablieren, der alle Stimmen einfach zur Kenntnis nimmt. Er macht dies ohne Kritik und ohne Ungeduld. Der innere Beobachter wohnt an einem inneren Ort, wo wir uns „niederlassen“ und sein können. Zu diesem inneren Ort können wir jederzeit zurückkehren bzw. von ihm aus können wir uns dem zuwenden, was in uns zu hören ist und was dort geschieht.

Beheimatet in diesem Ort, können wir die in uns zu vernehmenden Stimmen genauso meditieren wie alles andere auch. Wir können in uns hinein Fragen stellen: „Welche Sätze höre ich, wie klingen diese Sätze, welche Körperempfindungen stellen sich ein, welche Stimmung entsteht in mir?“ In einer wachen, offenen, nicht wissenden Haltung lernen wir die Stimmen in uns kennen und begegnen einigen von ihnen vielleicht immer wieder. Wir nehmen eine stimmliche Dynamik wahr, wie wenn eine Stimme stets eine nächste hervorruft. Wir hören unseren Stimmen zu, wie wenn wir ein Musikstück hören: Was zu Beginn eine diffuse Mischung war, fächert sich im genauen Zuhören zu den Stimmen einzelner Instrumente aus, deren Läufen wir jetzt nachfolgen können, deren Zusammenspiel wir jetzt bewusst erleben, und das ganze Musikerlebnis wird noch auf einer tieferen Ebene spürbar. Und wie es beim Hören eines Musikstückes nicht darum geht, einzelne Stimmen für sich zu verstehen, sondern das Ganze der Stimmenvielfalt und -dynamik auf uns wirken zu lassen, so sind wir auch hier nicht daran interessiert, die Logik oder die Ansprüche einzelner

Stimmen verstehen oder beurteilen zu wollen, sondern dem Prozess des ganzen Stimmenchors zu folgen, der sich in unserem Inneren vollzieht.

Die Resonanz der Stimmen im Körper und im Atem

Wenn man sich genau beobachtet, kann man das Vorhandensein bestimmter Stimmen auch im körperlichen Ausdruck, in der Haltung, im Tonus wahrnehmen. Einige Stimmen führen dazu, dass wir uns zusammenziehen, verspannen, dass wir flach atmen, die Schultern hochziehen, Runzeln bilden sich an der Stirne, wir kneifen die Augen leicht zusammen usw. Andere Stimmen bewirken, dass wir uns entspannen, die Schultern senken sich, der Atem geht leichter und zugleich tiefer, die Bewegungen werden geschmeidiger und sanfter.

Genauso wie wir mit den Stimmen eine Resonanz im Körper erzeugen, können wir mit einer veränderten körperlichen Haltung das Konzert der inneren Stimmen beeinflussen. In uns findet ein dauerndes Wechselspiel zwischen Stimmen, Stimmungen und körperlichen Prozessen statt. Wir können also, während wir die Stimmen in uns hören, den Fokus auf den Körper richten und spüren, wie wir gerade körperlich da sind. Falls wir eine Verspannung wahrnehmen, können wir mit dem Atem in diesen Ort der Verspannung hineinatmen und beim Ausatmen die Spannung bewusst loslassen. Wir wirken nicht auf die körperliche Stelle direkt ein, wir tun nichts körperlich Aktives, sondern es ist eher so, dass wir an dem Ort Entspannung erlauben. Falls wir umgekehrt eine zu große Entspannung wahrnehmen, eine Schlaffheit, in der keinerlei Spannung mehr vorhanden ist, dann bringen wir Spannung an diesen Ort, wiederum nicht mit einer körperlichen Aktivität, sondern allein durch den Atem und unsere Vorstellungskraft. Vielleicht müssen wir diesen Vorgang mehrmals wiederholen. Es ist normal, dass der Körper Zeit braucht, sich umzustellen. Dieser Vorgang funktioniert nicht automatisch, mechanisch, sondern im behutsamen Dialog mit dem Körper. Wir können dabei entdecken, wie sich durch diesen körperlichen Prozess auch unsere inneren Stimmen und Stimmungen verändern.

Die Stimme der Angst

Eine besonders herausfordernde Stimme ist die Stimme der Angst. Insbesondere dann, wenn sie in einer Situation von Ungewissheit und Todesdrohung geboren wurde und genährt wird. Dann kann sie wie die fauchende Stimme eines Raubtiers sein, das uns alles nimmt: unsere Hoffnung, unsere Sicherheit, den Boden, auf dem wir stehen. Manchmal ist sie überall und wir haben keinen Ort, wo wir vor ihr sicher sind, wo wir uns ausruhen könnten – besonders in der Nacht und wenn wir allein sind.

Es ist sehr schwierig, die Stimme der Angst wie andere innere Stimmen zu behandeln. Sie gehen zu lassen – wie eine Wolke am Himmel – ist manchmal nur für kleine Momente möglich. Aber auch wenn sie sich so viel realer, stärker anfühlt als all die anderen Stimmen in uns – auch die Stimme der Angst ist nur eine Manifestation unserer Vorstellung, unseres Geistes. Auch sie repräsentiert nicht die Realität unseres Lebens.

Weil sie so stark ist, brauchen wir eine besonders starke Unterstützung, um nicht ihrem Sog zu verfallen. Wir brauchen beispielsweise einen oder eine Verbündete/n, der/die bei uns ist, uns klar und wach bleiben lässt. Vielleicht ist das eine innere Figur, eine Ahnin oder eine vertraute Person aus unserer Tradition. Oder es ist jemand, der uns jetzt begleitet, ein Mensch, der selber die Stimme der Angst kennt und in dieser Dunkelheit bei uns auszuharren vermag. Was könnten wir dann zusammen tun?

Es ist entlastend, das Gefühl der Angst im Beisein eines oder einer anderen anzuerkennen. Dies ermöglicht einen Schritt aus der Tabuisierung, der Verdrängung heraus. Wir können uns eingestehen: „Ja, ich habe Angst." Und der andere (oder wir selbst) könnte weiterfragen: „Ah, da ist etwas Ängstliches in dir, wo spürst du das jetzt gerade, wie fühlt es sich an? Was spürst du noch, was ist noch da?" Die Fragen zielen darauf, die Angst als *einen Teil* in uns zu lokalisieren, sie als *eine* Stimme in uns anzusprechen. Damit nehmen wir sie bewusst wahr und zugleich bekommen andere Teile und Stimmen in uns wieder Raum. Wir sind der Angst nicht mehr einfach ausgeliefert, sondern wir bemerken wieder, welche Unterstützung in uns auch vorhanden ist, zum Beispiel der Atem. Wir verbinden uns bewusst mit dem Atem und bleiben *mit dem Atem* bei der Angst. Alles was geschieht, lassen wir zu. Körperliche Reaktionen, Bilder, Erinnerungen etc. Wir atmen weiter, richten unsere Aufmerksamkeit auf den Atem, wir bringen frische Luft zur Angst mit jedem Atemzug und entspannen uns bei jedem Ausatmen. Wir lassen alles, was kommt, los und atmen weiter. Die Stimme der Angst wird sich in diesem Prozess verändern – wir sind offen dafür, wohin sie uns führt, was sie uns sagen will.

Ein anderer Weg besteht darin, die Angst sozusagen aus unserem Inneren „herauszuholen". Dafür nehmen wir das Ängstliche in uns bewusst wahr. Wir richten unsere Aufmerksamkeit auf das Ängstliche in uns und beginnen wie Forscher, es zu untersuchen. Wahrscheinlich werden wir spüren, dass das Ängstliche nicht unseren ganzen inneren Körper ausfüllt, sondern dass es begrenzt ist, eine bestimmte Form hat. Wenn wir uns auf das Ängstliche in uns fokussieren, entwickeln sich vielleicht Bilder. Es ist beispielsweise so, als würde etwas im Bauch zusammengezogen. Wir spüren eine Kraft, die zusammenzieht, und wir spüren ein „Etwas", das zusammengezogen wird. Wenn wir dabei bleiben, entsteht vielleicht ein weiteres Bild: Das „Etwas" ist wie ein weicher Ball, der die Größe eines Fußballs hat. Jetzt nehmen wir diesen Ball in unserer Vorstellung in die Hände. Die Hände sind die Kraft, die auf den Ball einwirkt. Wir bewegen unsere Hände, experimentieren mit ihnen, spüren den Bewegungen, der Kraft nach, verändern die Stellung, die Spannung der Hände – bis wir die innere Kraft der Angst in der äußeren Bewegung spüren. Wir nehmen jetzt die Kraft der Angst als *unsere eigene* Kraft wahr, wir spüren, dass die Angst uns nicht beherrscht, sondern dass die Angst unsere eigene Kraft ist, die uns vorher überwältigt hat und die uns jetzt zur Verfügung steht.

3 Tanz zwischen Himmel und Erde: Erstarren und Ekstase

Die Meditation lässt sich beschreiben als Weg in einem labilen und zugleich ganz lebendigen Gleichgewicht zwischen Kräften der Schwerkraft und des Aufsteigens, der Schwere und der Leichtigkeit, der geübten Form und des spontanen Ausdrucks. Die Erde dient im Folgenden als Bild für die Kräfte der Verwurzelung – die Luft als Bild für die Leichtigkeit des Seins. Wenn ich mich hinsetze, bin ich im Kontakt mit dem Boden und der Erde. Ich nehme eine Haltung ein, die ich kenne, die ich gelernt habe, ich bringe meinen Körper in eine Form, die mich darin unterstützt, entspannt und wach sein zu können. Zugleich richte ich meine Wirbelsäule zum Himmel, spüre in meinem Körper eine ganz feine Bewegung und Beweglichkeit, mein Geist ist wach und beobachtet das Kommen und Gehen meines Atems, das ohne Anstrengung ganz von selbst vor sich geht. Ich bin verbunden mit der Luft und der Dynamik von allem, was lebt. Es gibt Grenzen an beiden Polen.

Erde eins

Ihr braucht keine Kartoffel zu werden! Der Satz ist haften geblieben. Viele, die eine Woche lang meditierten, lachten, sie wussten genau, wovon Christopher Titmuss, ein Vipassana-Lehrer aus England, sprach. Es gibt eine Gefahr, in der Meditation die Technik der Meditation zur Hauptsache zu machen und nicht den lebendigen Prozess des Wahrnehmens. Es gibt eine Gefahr, sich in der Fokussierung auf die richtige Haltung, die richtige Atmung usw. zu verkrampfen, steif zu werden – es gibt die Gefahr, meditativ „zur Kartoffel" zu werden.

Es geht nicht darum, gleichsam im Wettbewerbsmodus, möglichst gerade zu sitzen, möglichst lange ohne Bewegung durchzuhalten, möglichst früh am Morgen schon zu meditieren, um die eigenen Erwartungen zu erfüllen oder andere in ihrer Meditationsleistung zu übertreffen. Die Meditation ist kein Selbstzweck, sondern ein Weg, um zu mehr Lebendigkeit, mehr Gewahrsein, mehr wachem Dasein zu kommen. Der Schritt in die Meditation hinein, die kleine Anstrengung, die es immer wieder braucht, um sich mental und körperlich einzustimmen – diese Anstrengung soll nicht zum Selbstzweck werden, sondern sollte sich in anstrengungsloses, dynamisches, offenes Dasein verwandeln.

Es geht immer wieder darum, nicht in eine innere Versteifung und Erstarrung zu verfallen, sondern beweglich, wach und lebendig zu bleiben. Falls wir uns innerlich unbeweglich oder starr fühlen, ist gerade dies ein Phänomen, das wir zur Kenntnis nehmen und beobachten können. Wir sollten die Unbeweglichkeit nicht überspielen, sondern diese Erfahrung nutzen, um sie – und uns in ihr – tiefer kennenzulernen. Wie fühlen sich unser Körper und unser Geist jetzt an? Vielleicht gelingt es dabei, die Erstarrung, in die wir auch im Alltag manchmal hineingeraten, mit Mitgefühl und Offenheit als Teil unserer

Existenz zu akzeptieren. Vielleicht entstehen im Kontakt mit ihr Bilder und wir spüren ihre Qualität und ihre Kraft. Wir brauchen nicht selbst zur „Kartoffel“ zu werden, aber wir können der „kartoffelhaltigen“ Dimension unseres Daseins etwas abgewinnen und darin unser Selbstbewusstsein und die Freundlichkeit uns selbst gegenüber vertiefen.

Luft eins

Lydia erzählte von ihrer Kindheit und Jugend, von der Stimmung im Elternhaus, die sie meistens als sehr schwer empfand. Es war so etwas wie eine untergründige depressive Kraft am Werk, die wie ein Deckel alle aufstrebenden, leichten Energien zudeckte. Irgendwann hielt sie es nicht mehr aus und ging weg. Weg von ihrem Zuhause, ja weg von dem Land, in dem sie lebte. Sie suchte die andere Welt, die Leichtigkeit, das Helle, Schöne. Und sie ging ganz in dieser neuen Welt, fern von ihrer Heimat, auf. Sie heiratete und gebar ein Kind. Da war sie ganz oben, ganz angekommen in der hellen Welt. Doch unter der Geburt stellte man bei ihr eine leukämische Erkrankung fest. Sie sagte mir, das sei für sie so, als wenn das Schwere, das Dunkle aus ihrer Vergangenheit zurückgekehrt wäre. Sie wisse, dass es darum gehe, mit beidem zu sein und zu leben. Aber dieses Wissen war noch ohne Boden, selbst luftig und nicht in ihr verankert. Und immer, wenn die schweren Energien sie bedrängten, besonders in der Nacht, wollte sie wieder ausbrechen, weggehen, wie damals, als sie ihrem Elternhaus entfloh. Als wir zusammen eine meditative, innere Reise unternahmen, sah sie sich in einer wunderschönen Landschaft umhergehen oder fast schweben. Sie fühlte sich ganz befreit.

Als ich sie nach den Empfindungen in ihrem Körper befragte, konnte sie zuerst keine Auskunft geben. Sie wollte es auch nicht. Sie fühlte sich vom Körper ganz abgeschnitten. Nur widerwillig nahm sie wieder Kontakt auf mit ihm. Sie begann sich ganz schwer zu fühlen, die eben erlebte Leichtigkeit war wie weggeblasen und es war, als ob eine dunkle Melasse sie innerlich zu ersticken drohte.

Wir können uns in der Meditation in den Himmel tragen lassen und es ist nicht immer einfach, zu merken, was uns wirklich gut tut oder wann wir uns verführen lassen, um in einem ozeanischen Gefühl verloren zu gehen, das mehr mit unseren Sehnsüchten zu tun hat als mit unserer Realität. Der Weg in die Stille kann wie eine Droge wirken und uns von allem, was da und wirklich ist, trennen. Er kann uns unempfindlich werden lassen gegen den Schmerz, den wir in uns tragen und uns damit auch wegführen von den Orten, wo eine echte Veränderung beginnen könnte. Aber auch diese Erfahrung können wir zum Gegenstand der Meditation machen. Wir lösen uns aus der Identifikation mit dieser Erfahrung und nehmen wahr, was in uns geschieht. Vielleicht gelingt es sogar, den Moment zu erhaschen, in dem wir „abheben", in dem wir uns innerlich auf und davon machen von der (auch schmerzhaften, beschwerlichen) Realität unseres Daseins. Die Meditation kann uns darin unterstützen, die Sehnsüchte nach dem Himmlischen und was sie hervorrufen genauer kennenzulernen.

Erde zwei

So wie die Kartoffel im Dunkel des Erdreichs heranwächst, brauchen wir die Kraft des Bodens, der Erde, um uns zu verorten, um die Schwerkraft zu spüren, die unser Dasein maßgeblich bestimmt. Der erste Schritt in der Meditation besteht darin, unseren Platz einzunehmen – auf dem Boden oder einem Stuhl oder wo auch immer – und uns niederzulassen. Im Zen-Buddhismus wird auf den körperlichen, klaren Kontakt zum Boden großen Wert gelegt. Es wird gesagt, dass wir uns mit drei Flächen unseres Körpers (den beiden Knien und dem Gesäß) in der Form eines Dreiecks möglichst gut erden sollen und darin auch die Kraft der Erde, des Geerdetseins in uns aufnehmen können.

Verschiedene Schulen der Meditation und der Stille haben unterschiedliche Formen entwickelt, wie wir am besten sitzen, um über längere Zeit still und achtsam sein zu können, wie wir „in Form" kommen, um im Reich der Stille weitergehen zu können. Indem wir uns in einer Form einfinden und bleiben, kommen wir in Kontakt mit den Energien der Erde und der Schwerkraft, die beständig und klar sind, die uns darin unterstützen, fokussiert und entschieden zu sein. Dadurch, dass die Form bereits da ist (weil wir sie kennen, weil sie unser Körper kennt), werden wir nicht abgelenkt, sondern unser Körper und unser Geist werden sich durch die Form an den Weg erinnern, ja sie werden in der Form sich niederlassen können. Wir sind ausgerichtet und ganz frei. Die Form erlaubt uns, dass wir nicht immer neu anfangen müssen, dass wir einen Weg weitergehen können, der uns zu mehr Bewusstheit und Klarheit führt.

Luft zwei

Genauso wichtig wie die Erdung und die Form ist die innere Leichtigkeit und Freiheit, auch etwas ganz anderes tun zu können, als was die Form uns vorgibt. Manchmal fällt es uns schwer, uns nach einer Aktivität ohne Vorbereitung einfach der Erdkraft zu überlassen, uns im Sitzen ohne Weiteres zu sammeln. Der Körper ist noch so voller Bewegungsdrang, der Geist so mit Erlebtem oder Plänen befasst, dass wir innerlich galoppieren, während wir sitzen, wie der indische, spirituelle Philosoph Osho das einmal treffend und lustig beschrieb. Wenn wir uns in dieser Energie gut wahrnehmen, wird der erste Impuls uns vielleicht dazu bewegen, zu tanzen oder zu gehen, den Körper eine Bewegung finden lassen, die ihm jetzt entspricht. Die Meditation hat bereits begonnen, wir sind wach, nehmen unseren Körper wahr, wie er fortwährend neue oder gleiche Bewegungen formt. Irgendwann kommt der Moment, wo wir uns fast wie von selbst hinsetzen, weil der Körper jetzt bereit ist für diese „Form".

Wir brauchen die Leichtigkeit, um die Formen nicht allzu wichtig zu nehmen, um uns die innere Freiheit zu bewahren – allen Formen gegenüber. Auch die ältesten, stimmigsten Formen sind nichts weiter als Hilfsmittel, bewährte und unverzichtbare, aber doch auch nicht mehr als das. Darum sollten wir die Formen, ja die Meditation selbst nicht zu wichtig nehmen, sie ist „ein Floß, um ans andere Ufer zu kommen", wie Siddhartha Gautama (Buddha Shakyamuni) sagte. Wir sollten kritisch werden, wenn wir der Form, der Disziplin zu große Bedeutung beimessen, uns darum mehr kümmern als um die Lebendigkeit und Frische eines Atemzugs. Die Energie der Luft lässt uns den Wind auf unserer Haut spüren und genießen. Die Meditation ist dann wie ein Experiment, wie ein Spiel, und wir lassen alles los: unsern Willen und unsere Entschiedenheit, unsere Disziplin und unsere Erfahrung. Frei wie ein Vogel wirbeln wir durch die Luft.

Erde und Luft

Beide Energien sind wichtig und je nach Erfahrung, je nach Typ oder Temperament, neigen wir vielleicht eher zu einer oder zur anderen Seite. Wir sind entweder eher darauf aus, die Form zu wahren und die Spontaneität zu verlieren oder uns der Dynamik hinzugeben und die Konfrontation durch die Form zu vermeiden.

Die Kraft, die unsere Praxis befeuert, die uns weitergehen lässt, entsteht aus der Kombination, aus dem Kontakt beider Energien. Wir können in der Stille Kontakt zu beiden Energien haben und diesen Kontakt bewusst auch immer wieder suchen und wahrnehmen.

Der japanische Zen-Lehrer Shunryu Suzuki nannte die wichtigste Haltung in der Meditation den „Anfängergeist". In die Stille und in die Meditation hineinkommen und in ihr bleiben, heißt anzufangen, radikal und immer wieder neu anzufangen. Wir fangen an, weil wir nicht wissen, was kommt, wie der nächste Moment sein wird. Wir fangen an, indem wir uns bewusst hinsetzen, als wäre es das erste Mal. Im Anfängergeist nehmen wir beides wahr, die Kraft einer geübten Form wie auch die Kreativität jedes neuen Impulses. Im Anfängergeist sind wir mit beiden Energien verbunden, ohne uns in ihnen zu verlieren.

Übungen: Mudras

Einfache körperliche Übungen können uns helfen, beide Kräfte zu spüren, um dann im Kontakt mit beiden in die Stille gehen zu können: Hand-Mudras sind spezielle Finger- oder Handstellungen, wie sie in der chinesischen Medizin oder im indischen Kundalini-Yoga eingesetzt werden, um die Wirkung bestimmter Körperhaltungen zu verstärken. Es sind Übungen, die auf leichte und fast spielerische Art und Weise die „Erd- und Himmelsenergien" verbinden. Der Vorteil der Hand-Mudras gegenüber anderen Übungen ist, dass man sie fast überall und immer praktizieren kann. Man braucht weder eine Matte noch viel Platz dafür. Auch wenn man zu schwach oder krank ist, um andere körperliche Übungen zu praktizieren, reicht die Kraft für die Hand-Übungen meistens aus. Gerade in Zeiten der Krankheit, des Energieverlustes und auch in der Zeit des Überganges, der Veränderung, können Mudras auf den seelischen und geistigen Zustand unterstützend wirken.

Ksepana-Mudra –
Geste des Loslassens und der Entspannung

Kleiner bis Mittelfinger der beiden Hände sind miteinander verschränkt, die beiden Zeigefingerspitzen liegen aneinander, die beiden Daumen sind übereinander gekreuzt und liegen auf. Während des Haltens der Mudra sollte man das Ausatmen bewusst vertiefen, indem man zum Beispiel laut seufzt oder auch die Bauchdecke leicht anspannt oder einzieht, ohne zu verkrampfen. Dabei ist es egal, welcher Daumen oben liegt. Die Ksepana-Mudra regt über die entsprechenden Reflexpunkte die Ausscheidung durch den Dickdarm an, denn der Dickdarm-Meridian verläuft in die Kuppe der Zeigefinger.

Hakini-Mudra für Konzentration und geistige Frische

Sie ist ganz einfach und viele Menschen führen sie unbewusst aus. Dafür legt man einfach alle Fingerspitzen aneinander. Wissenschaftlich ist diese Fingerstellung gut erforscht. Es wurde festgestellt, dass sie das Zusammenwirken von rechter und linker Hirnhälfte fördert. Sie wird deshalb häufig in Gedächtnistrainings eingesetzt.

Ushas-Mudra

Es gibt eine Mudra, die ideal ist, um den Tag gut zu beginnen, das ist die sogenannte Ushas-Mudra. Ushas ist indisch und bedeutet Morgenröte. Dafür verschränkt man die vier Finger außer dem Daumen miteinander zu einer Art Schale und legt sie an den Hinterkopf. Die Daumen liegen am Hinterhauptsrand auf. Das kann man wunderbar noch im Liegen im Bett machen. Beobachten

Sie einmal sich selbst, ob Sie diese Mudra nicht schon unbewusst gemacht haben, um geistig wieder frisch zu werden, zum Beispiel nach längerer Zeit am Computerarbeitsplatz.

Der Druck sollte nicht zu stark sein, keinesfalls sollte der Druck Spannung oder Schmerzen hervorrufen. Hilfreich ist die Vorstellung, dass die Finger wie Magneten aneinander haften. Sehr wichtig während des Haltens einer Mudra ist richtiges Atmen. Zu Beginn atmet man bewusst ein, hält dann den Atem etwa zwei Sekunden an, atmet aus und macht wieder eine Pause, bevor man das nächste Mal einatmet. Der medizinische Hintergrund dafür ist, dass durch die Atempause nach der Einatmung vermehrt Sauerstoff ins Blut gelangen kann und von da in alle Zellen. Wichtig ist, dass man sich während des Haltens wohlfühlt und keinesfalls verkrampft.

4 Schwarze Wolke und Transformation: Der Schmerz

Schmerzen in der Meditation

Wir können ganz leicht und schmerzfrei in die Meditation einsteigen und dann in ihr größte Schmerzen erleben. Schmerzen können wir körperlich erfahren, vielleicht am Rücken oder in den Knien, oder wir können sie emotional oder geistig erleben. Wir lernen in der Meditation unseren Körper neu und intensiv kennen, wir kommen in Kontakt mit körperlichen Spannungen, die sich im Alltag angesammelt und die wir gar nicht bemerkt hatten. Unser Körper fühlt sich anders an, weil wir das Stillsitzen nicht gewohnt sind. Und es gibt so etwas wie eine dunkle Seite der Stille, wir begegnen der Einsamkeit, der Langeweile, inneren Verletzungen, der Angst vor dem Nichts, dem Tod. Irgendetwas in uns blockiert den Prozess der Wahrnehmung, etwas in uns lehnt sich auf, will aussteigen, zurück in die Alltagsrealität, will Ablenkung, den Duft des normalen Lebens.

In der Regel sind wir dem Schmerz nicht wohlgesinnt, sondern sehen ihn als lästige Störung, als unnötiges Übel, das wir schnell wieder loswerden wollen. Wir akzeptieren die Schmerzen nicht, sondern leiden daran, sie zu haben, und fügen so den körperlichen Schmerzen noch einen weiteren Schmerz hinzu. Wir stehen meist in offenem oder verdecktem Widerstand gegen den Schmerz. Widerstand ist aber anstrengend und die Anstrengung verkrampft uns. Die Verkrampfung wiederum verstärkt den Schmerz.

Wie gehen wir im Alltag mit Schmerzen um? Wollen wir sie gewöhnlich rasch weghaben, indem wir, ohne lange zu zögern, ein Medikament uns helfen lassen? Lassen wir uns durch die Angst vor Schmerzen ablenken und sind mehr mit unseren Empfindungen beschäftigt als mit dem Schmerz selbst? Dasselbe kann in der Meditation geschehen. Wir spüren einen Schmerz und beginnen uns sogleich im Kopf mit ihm zu befassen. Wir fragen uns: „Wie können wir ihn am besten loswerden? Wie lange halten wir das aus? Wird er sich wohl bald verändern? Ist das normal?“ Der Kopf entwickelt automatisch Strategien, wie wir etwas gegen den Schmerz unternehmen können.

Wie wäre es, wenn wir gar nichts gegen den Schmerz unternähmen, sondern mit ihm genauso umgehen würden wie mit allem anderen, was uns in der Meditation begegnet? Wir lösen uns vom innerlichen Dialog im Kopf und bleiben so weit wie möglich in der Wahrnehmung. Wir bleiben beim Schmerz, spüren ihn, wir gehen nahe an ihn heran, ohne uns in ihm zu verlieren, wir bleiben wahrnehmend bei ihm. Und aus diesem Kontakt heraus geschieht alles Weitere. Vielleicht nimmt die Intensität der Schmerzempfindung ab und er ist jetzt, wie all die übrigen Körperempfindungen auch, einfach bei uns, Teil unserer gegenwärtigen Realität. Vielleicht hilft er uns sogar, *ganz* da zu sein, indem er uns auf diesen einen (schmerzlichen) Moment fokussiert und uns einlädt, unseren Körper von innen her aufzurichten und zugleich zu entspannen. Vielleicht entsteht ein Bild, ein Wort, ein Klang. Vielleicht entsteht der Impuls, uns sanft und langsam zu bewegen, unsere Stellung etwas zu verändern – und wir bleiben auch in diesen Bewegungen ganz achtsam. Vielleicht ist der Schmerz wie ein Tor, das uns ganz in die Gegenwart bringt, wach im Geist und weich im Körper.

Mit Schmerzen in die Meditation

Bei vielen entstehen die Schmerzen nicht erst *in* der Meditation, sondern sie bringen diese – ausgelöst beispielsweise durch einen Unfall oder eine Krankheit – in die Meditation *mit hinein*. Sie leben im Alltag mit Schmerzen und der Schmerz sowie der Umgang mit ihm hat eine wiederkehrende oder permanente Bedeutung. Schmerz hat die Macht, ähnlich wie die Angst, unsere Wahrnehmung völlig zu absorbieren. Wir können Schmerzen so stark empfinden, dass nichts mehr daneben Platz zu haben scheint. Wir können uns verlieren im Schmerz. Und gerade bei starken Schmerzen spielt die Angst in und vor den Schmerzen oft eine verstärkende, gefährliche Rolle.

> Lena, eine sterbende Patientin, hatte starke Schmerzen im rechten Bein. Sie sagte mir, dass sie sich mit ihrem Sterben abgefunden habe. Sie spüre so etwas wie eine innere Versöhnung – nach einem Leben, das geprägt war von vielen Verletzungen. Die Krankheit habe ihr in den letzten Wochen die Möglichkeit geschenkt, sich mit vielen Menschen, die ihr nahe waren, auszusprechen. Womit sie sich aber nicht abgefunden habe, seien die Schmer-

zen, die sie immer wieder empfinde. Jetzt gerade seien die Schmerzen erträglich, aber in ihrem Bewusstsein sitze die Erinnerung wie eine schwarze Wolke an früher erlebte, unerträgliche Schmerzen. Wir taten in der Folge nichts weiter, als uns ab und zu der „schwarzen Wolke" zuzuwenden, innerlich achtsam in Kontakt zu ihr zu treten und zu schauen, was sich tat. Mit der Zeit begann sich die schwarze Wolke zu „entladen", sie erzählte Episoden mit ihrem Vater, den sie als junges Mädchen immer wieder zu Hause erwartete und der viel zu spät nach Hause kam, alkoholisiert und gewalttätig. Sie hatte ihrem Vater schon lange vergeben, wie sie mir erzählte, und dennoch waren diese Episoden in ihrem Körper offensichtlich noch sehr wirksam.

Die Medizin hat viele ganz erstaunliche und wirksame Wege gefunden, um starke Schmerzen zu lindern, Schmerzzentren in den großen Kliniken sind darauf spezialisiert, einen Mittelweg zu finden zwischen überschwemmendem Schmerzempfinden und einer Trübung oder Narkotisierung des Bewusstseins. Diese therapeutischen Möglichkeiten kann man bei starken Schmerzen gar nicht hoch genug schätzen. Und doch lässt sich der Schmerz, selbst bei bester Behandlung, nicht ausradieren, er bleibt ein Thema. Zum einen weil es nicht immer gelingt, ihn ganz in den Hintergrund zu drängen, zum anderen weil das Schmerzempfinden offensichtlich eine wichtige Möglichkeit von uns Menschen ist, die Wirklichkeit zu erleben.

Nach einem scheinbar harmlosen Skiunfall konnte sich Ruth kaum mehr bewegen. Mit der Rettungsflugwacht wurde sie direkt von der Skipiste in die Klinik geflogen. Es stellte sich heraus, dass sie ab dem Bauchnabel gelähmt war. Aber gerade in Teilen ihres gelähmten Körpers verspürte sie seither massive Schmerzen. Am liebsten wäre sie „aus der Haut gefahren", hätte sie ihren Körper verlassen, um die pochenden, stechenden, brennenden Schmerzen nicht mehr erleben zu müssen. Phantomschmerzen werden diese Schmerzen genannt, die sich aber sehr real anfühlen. Auf mein Nachfragen hin erhielt ich zwei Rückmeldungen: Sie konnte guten Kontakt zu den beweglichen Teilen ihres Körpers aufbauen und diesen Kontakt auch eine Weile aufrechterhalten – ohne gleich vom Schmerz absorbiert zu werden. Zu den gelähmten Teilen ihres Körpers fand sie nur über den Schmerz Zugang. Es war, als ob der Schmerz ihr verbliebener Zugang zu dem Teil des Körpers war, über den sie nicht mehr verfügte, den sie in gewissem Sinn nicht mehr „hatte". In der Folge ging es in der Begleitung darum, beide Verbindungen aufrechtzuerhalten, zu den gesunden wie zu den schmerzenden Teilen ihres Körpers. Es war wie ein hin und her pendeln und sie selbst bestimmte den Rhythmus. Mit der Zeit änderte sich ihr Empfinden, es wurde differenzierter, nicht nur im Modus Schmerz-Entlastung, sondern eher wie ein Strom unterschiedlichster Empfindungen. Entscheidend war dabei, dass kein Druck, sei er psychisch oder physisch motiviert, ins Spiel kommen durfte, weil er die Schmerzen verstärkte. Darum war für sie der meditative Zugang sehr hilfreich, mit seiner Weichheit, der Zwanglosigkeit – dem absichtslosen Spüren dessen, was ist.

Meditationsübungen bei Schmerzen

Erstens: Schmerz wahrnehmen

Wenn Sie beim inneren Spüren des Körpers auf einen besonders intensiven Schmerz oder ein besonders großes Unbehagen stoßen, behandeln Sie diese Körperstelle nicht anders als jede andere auch. Atmen Sie durch sie hindurch und lassen Sie furchtlos und vielleicht sogar mit einer Prise Neugier jede neu entstehende Empfindung zu. Öffnen Sie sich ihr und beobachten Sie diese. Wie fühlt sich der Schmerz tatsächlich an? Fühlt es sich an wie Messer- oder Nadelstiche? Brennt es? Kribbelt es? Welche weiteren Empfindungen tauchen auf? Bei jeder Ausatmung entspannen Sie sich. Spüren Sie, wie die Muskeln weich und locker werden. Wenn Sie völlig entspannt sind, lassen Sie diesen Bereich ganz bewusst los. Verharren Sie einen Moment in dem Gefühl des Wohlbehagens, der Ruhe und Stille. Auch wenn der Schmerz wieder auftritt oder gar stärker wird, gehen Sie trotzdem zur nächsten Körperstelle weiter. Bleiben Sie in bewusster Verbindung mit Ihrem Atem. Widmen Sie allem, was auftritt, die gleiche ungeteilte Aufmerksamkeit wie zuvor der schmerzenden Körperregion. Wenn der Schmerz so stark wird, dass es Ihnen unmöglich ist, die Aufmerksamkeit in eine andere Körperregion oder den Atem zu lenken, hilft es möglicherweise, die Aufmerksamkeit direkt auf den Schmerz zu lenken (siehe nächster Abschnitt).

Zweitens: Aufmerksamkeit auf den Schmerz lenken

Versuchen Sie die Aufmerksamkeit direkt auf den

Schmerz zu lenken, indem Sie mit sanfter Bestimmtheit in den Schmerz hineinatmen, egal wie schlimm er sich anfühlt. Den Schmerz können wir verstehen als die überwältigende Erfahrung dieses Augenblicks, und darum können Sie versuchen, sich mit ihm „auszusöhnen", indem Sie ihn einfach wahrnehmen, in ihn „hineingehen". Bei so naher „Tuchfühlung" kann es einem mulmig werden, aber auch das ist nur ein Gedanke, ein Impuls. Geben Sie der Empfindung einen Namen, wie zum Beispiel „Spannung". Nennen Sie diesen Namen während dem Ein- und Ausatmen immer wieder: Spannung, Spannung, Spannung. Dabei sollten Sie sich nicht in eine kämpferische Auseinandersetzung, in ein Kräftemessen zwischen sich und dem Schmerz verwickeln lassen. Wichtig ist das Interesse und die Entschlossenheit, den Schmerz und was er auslöst, fortwährend und offen zu beobachten – und zwar, um etwas über den Schmerz bzw. über sich selbst herauszufinden, nicht, um vor ihm davonzulaufen oder ihn zu besiegen bzw. loszuwerden.

Drittens: Emotionen und Empfindungen beobachten

Eine weitere Methode im Umgang mit Schmerzen besteht darin, sich der Gedanken und Gefühle, die im Zusammenhang mit den Schmerzen entstehen, bewusst zu werden. Sie entstehen und verschwinden wieder. Kommentare, Urteile, Reaktionen, Wünsche und Sätze wie: „Das halte ich nicht länger aus" oder „Es ist alles so hoffnungslos" tauchen auf. Oft sind sie schlimmer als die Schmerzen selbst, aber sie sind nicht der Schmerz! Nicht nur sind diese Gedanken nicht der Schmerz, sie sind auch nicht Sie! Meistens sind sie nicht einmal besonders genau. Sie sind vielmehr undifferenzierte Gedanken des Geistes, der nicht willens ist, Schmerzen zu akzeptieren. Unser Vernunftdenken teilt alle Erfahrungen, die wir machen, in gute und schlechte ein, und sein Einteilungskriterium ist, ob wir etwas mögen oder nicht. Erfahrungen, die wir nicht mögen, werden nicht zugelassen. Wenn wir erkennen, dass erst die enorme Angst vor den Schmerzen diese so stark werden lässt, dann wird uns bewusst, dass wir Empfindungen nicht in ihrer reinen Form erleben, sondern vermischt mit verschiedenen Gedanken *über* Empfindungen. In der Meditation nehmen wir alle Gedanken und Gefühle, die mit dem Schmerz entstehen, wahr. Aber weder befassen wir uns mit ihnen, noch bleiben wir bei ihnen stehen. Beim Einatmen nehmen wir den Gedanken bewusst wahr, beim Ausatmen lassen wir ihn wieder los.

Wenn Sie Schmerzen über viele Jahre hinweg hatten, seien Sie offen für alles, was geschieht. Lassen Sie Ihre Vorstellungen und Erwartungen, dass die Schmerzen nun innerhalb einiger Tage oder Wochen verschwinden – nur weil Sie begonnen haben zu meditieren –, einfach los. Es gibt Schmerzen, seien es körperliche, seien es seelische oder spirituelle Schmerzen, die bleiben, die scheinen zu uns zu gehören. Vielleicht lernen wir sie als Teil unserer Entwicklung und unserer Transformation zu verstehen. Vielleicht erleben wir sie aber auch zeitlebens als sinnlos. Der Weg der Stille, die Meditation, ist kein Weg mit dem Ziel, Schmerzen zu eliminieren, sondern eher ein Weg, mit Schmerzen sein zu können. Die Meditation ist ein Weg, uns im Schmerz zu entspannen, immer wieder die Bollwerke der Verteidigung loszulassen und in die ungeliebte Wildnis starker körperlicher Empfindungen vorzudringen. Wenn sich der Schmerz zu stark anfühlt, wird uns das nicht immer gelingen. Und gerade dann geht es nicht darum, meditativ gegen den Schmerz zu kämpfen. Wir können uns als diejenigen beobachten, die aufgeben. Wir können lernen, darauf zu achten, wie wir auf unsere körperlichen „Niederlagen, Demütigungen und Misserfolge" reagieren. Wollen wir umgehend die Kontrolle zurückgewinnen? Wenn wir ehrlich vor uns selbst sind, bedeuten diese Momente völligen Machtverlust. Wir dürfen die Trauer über die Unvollkommenheit zulassen und durchleben.

5 (K)ein Ort im Krankenhaus: Die Enge

Es war ihr sehr eng zumute. Anna wollte raus aus der Klinik, die ihr wie ein Gefängnis geworden war. Über das Pflegepersonal war sie zunehmend unwillig, sie schimpfte über das Essen und das Bett und über viele Menschen aus ihrer Vergangenheit. Ich schlug ihr vor, nach draußen zu gehen, was mit einem Rollstuhl möglich war, und ihr war diese Möglichkeit willkommen. Kaum waren wir draußen, schimpfte sie weiter, über die Männer, die sich rauchend ihre Gesundheit ruinierten, über die Autos, die die Luft verpesteten, über ihren knappen Atem. Wir blieben an einem Ort unter einem alten Baum stehen. Wir schwiegen lange. Ich fragte sie, an welchem Ort sie gerne leben möchte, wenn sie sich das frei wünschen könnte. Sie begann zu erzählen, von einem Haus draußen auf dem Land, nur ein Stockwerk, daneben ein Fluss und ein kleines Haus zum Räuchern von Würsten. Der Garten leicht erhöht, damit sie sich nicht so bücken müsste. Ich lud sie ein, sich beim Erzählen darauf zu konzentrieren, wie sie sich im Körper fühlte. Ihr Redetempo nahm ab, sie atmete ruhiger. „Sehen Sie den Ort?", fragte ich sie. Sie schloss unwillkürlich die Augen und wurde ganz still. „Ich habe den Eindruck, als ob Sie ganz dort seien – stimmt das?" Sie nickte mit dem Kopf. „Passt es, wenn Sie einen Moment noch dort sind und mir mitteilen, wann Sie von dort wieder aufbrechen wollen?" Sie nickte wieder und so blieben wir still sitzen, unter dem Baum, auf dem Vögel zwitscherten.

Viele Menschen im Krankenhaus, die während längerer Zeit hospitalisiert sind, erleben ihre Welt als sehr begrenzt, ihr Zimmer manchmal wie eine Gefängniszelle. Sie sind eingesperrt, Gefangene ihrer Krankheit. Alles im

Zimmer ist funktional: Bett, medizinische Apparaturen, Fenster, Stuhl, Tisch, auch das kleine Fernsehgerät, das unter anderem dazu dient, sich abzulenken. Zudem ist es ein Ort, der durchtränkt ist mit dem einen Thema: der Krankheit. Das medizinische Personal kümmert sich um den Puls und die Blutwerte, die Vorbereitungen für die Operation, die Medikation. Die Besucher erkundigen sich nach dem gesundheitlichen Befinden, das Essen schmeckt nach Krankenhaus. Die Alltagsrealität ist weggesperrt und wie hinter dicken Fenstergläsern nur noch schwach zu sehen.

Manchmal hilft es, zumindest einen *inneren* Ausweg zu kennen, einen Weg gehen zu können an einen anderen Ort. An einen Ort, den man selber wählt, einen Ort auf dieser Welt, der nicht eng ist, der uns atmen und bei uns selber sein lässt. Einen Ort der Normalität und der Kraft. Oft tut es gut, einen solchen Ort zu suchen und in der Vorstellung dort eine Weile zu sein. Oft kommt man gestärkt zurück, man hat eine Auszeit gehabt, sich selber wieder anders, heiler erlebt.

Nora lag im Bett, konnte sich kaum rühren und zugleich war sie innerlich ganz an einem anderen Ort. Ich hatte sie eingeladen, sich an einen ihr bekannten Ort zu begeben, wo sie jetzt gerne sein möchte. Sie fand sich in ihrer Wohnung wieder, saß im Wohnzimmer auf ihrer Couch. Im Zimmer waren auch ihr Sohn und ihr Hund. Irgendetwas in ihr sagte, dass sie das Wohnzimmer verlassen sollte, um auf ihren Balkon zu gehen. Dort war sie alleine. Auf dem Balkon war ein gemütlicher Korbstuhl, auf den sie sich setzte. Vor sich sah sie die Alpen. Das war wichtig. Sie betonte das immer wieder. „Wie schön, sehe ich die Alpen, irgendwie gehören sie ganz dazu, ganz zu mir." Sie hörte Vögel zwitschern, sie spürte die warme Luft auf ihrer Haut. Die Ambivalenzen waren ganz weg. Sie meinte: „Hier kann ich sein, hier kann ich sterben." Sie trat am nächsten Tag aus der Klinik aus. Am darauffolgenden Tag erhielt ich einen Anruf ihres Sohnes, sie sei gestorben.

Am Ort meiner Kraft

Die meisten kennen Orte, an die sie gerne denken, die ihnen Kraft geben. Vielleicht ist es der eigene Garten, der Balkon der Wohnung, der Fluss in der Nähe. Vielleicht ist es ein Berg, auf dessen Gipfel ich mich heraufgekämpft habe und von dem aus ich die Ebene überblicken konnte, vielleicht das Meer, in dem ich in den Ferien geschwommen bin und dessen Rauschen ich auch jetzt, tausend Kilometer entfernt, ohne Weiteres hören kann. Wenn es möglich ist, kann ich mich sitzend oder liegend nach der Himmelsrichtung ausrichten, wo dieser Ort, mein Ort der Kraft, liegt. Ich verbinde mich innerlich mit diesem Ort, schließe die Augen und lasse den Ort in mir entstehen. Ich sehe die Farben, die Formen an diesem Ort, ich höre die leisen und lauten Geräusche, ich rieche, ich schmecke, ich taste. Und wenn ich ganz an diesem Ort bin, lenke ich meine Aufmerksamkeit auf meinen Atem, was mir erlaubt, noch intensiver da zu sein. Ich sage mir, dass ich nichts weiter zu tun brauche, als nur da zu sein und die Energien dieses Ortes in mich aufzunehmen.

Weg ins Unbekannte

Meine innere Welt kann sich in einen Kosmos verwandeln. Ich kann an Orte gehen, Landschaften in mir entstehen lassen, wo ich noch nie war, Traumlandschaften, in denen die Flüsse sprechen und die Luft mich schweben lässt oder auch ganz reale Landschaften, von denen ich vielleicht gehört habe, die ich auf Fotos gesehen habe, wo ich mich aber noch nie aufgehalten habe. Vielleicht sind es aber auch Orte, wo es nichts zu sehen, aber viel zu hören gibt. Oder zu spüren. Entscheidend ist meine Offenheit, dem zu begegnen und mit dem zu sein, was sich mir zeigt, was mir zu Ohren kommt. Wie gehe ich vor? Ich lenke meine Aufmerksamkeit zuerst auf den Atem und wandere dann mit ihr durch meinen ganzen Körper. Irgendwo in meinem Körper spüre ich vielleicht Lust, mich ein wenig mit meiner Aufmerksamkeit „niederzulassen“, zu bleiben. Ich bleibe an diesem körperlichen Ort und erlaube mir, dass Bilder einer Landschaft entstehen. Ich kreiere also nicht aktiv Bilder, sondern spreche mir innerlich zu: „Jetzt hast du so etwas wie ein kleines Timeout und du darfst dich ganz entspannen. Sei wach dabei und bemerke, was von selbst geschieht!“ Sobald ich zu denken, zu wünschen beginne, lasse ich die Gedanken wieder los. Ich pausiere von allem bewussten Wollen und Wünschen. Welche Landschaftsbilder entstehen am Ort dieser körperlichen Empfindung? Vielleicht entstehen keine oder etwas ganz anderes, das mit der Landschaftsidee nichts zu tun hat. Auch gut. Vielleicht entstehen zuerst nur Farben, Gerüche oder Geräusche. Dann bleibe ich einfach bei ihnen. Vielleicht entwickeln sie sich weiter. Ich bin nur Zeuge, ich schaffe nichts aktiv, sondern bin dabei, beobachtend, interessiert, was da in mir geschaffen wird. Vielleicht sind es dunkle Bilder, die entstehen, angstbesetzte, schmerzende Bilder, die ich am liebsten wegstoßen möchte. Auch bei ihnen bleibe ich, lasse sie zu, atme tiefer, bis eine Entspannung eintritt und ich mich auch hier niederlassen kann.

„Etwas" in mir

Gibt es einen körperlichen Ort in mir, in dem ich ein Gefühl der Weite, die mir gut tut, besonders wahrnehme? Ich gehe dorthin mit meiner Aufmerksamkeit. Ich bleibe dort, verbunden mit dem Atem, und nehme wahr, was geschieht. Ganz genau nehme ich jede kleine Veränderung wahr und genieße zugleich die Entspannung, die Energie oder was immer ich dort erlebe. Vielleicht passt eine Farbe, vielleicht eine Melodie zu dem „etwas", das ich dort erlebe. Ich lasse es zu, dass dieses „etwas" (vielleicht in einer Farbe oder Melodie) sich in meinem ganzen Körper verteilt. Ich lade das „etwas" ein, sich im ganzen Körper auszubreiten. Ich gratuliere mir dazu, dass ich gut in mir wohne. Vielleicht passt es, zu danken: meinem Körper, der Luft, die mich belebt, den Bäumen, die die Luft reinigen, dem Boden, der mich trägt, dem Geist, der mich leben lässt. Wenn ich mich innerlich sicher fühle, stelle ich mir zuerst innerlich das Zimmer vor, in dem ich jetzt liege. Ich sehe mich liegen in diesem Zimmer, mit all dem, was noch in dem Zimmer ist – und zugleich bleibe ich im Kontakt mit dem inneren Erleben. Der Atem unterstützt mich dabei. Dann öffne ich die Augen und nehme Kontakt auf zu all den Dingen im Zimmer – und bleibe zugleich im Kontakt mit der inneren Weite, dem „etwas", was mich erfüllt. Ich bleibe in Kontakt zu beidem, der Innenwelt und der Außenwelt, dem inneren Spüren und dem äußerlichen Wahrnehmen – derselben Welt.

Gebet und Gesang

Vielleicht war das früher anders. Heute gibt es oft eine Hürde, ein Gefühl von Scham, das sich einstellt, wenn man jemanden fragt, ob man zusammen beten wolle. Ich bin mit inneren Vorfragen beschäftigt: Vielleicht komme ich dem anderen zu nahe, vielleicht ist es dem anderen peinlich, „nein" sagen zu müssen … Ich komme an eine Grenze mit dieser Frage, weil das gemeinsame Beten unüblich ist (außer in religiösen Gemeinschaften, wo dies eine normale, akzeptierte Kommunikationsform ist) und weil wir in unserer westeuropäischen Kultur damit vielleicht einen Intimbereich berühren. Es gibt darum so etwas wie eine Enge, um ins gemeinsame Gebet hineinzukommen, doch wenn wir durch diese Enge hindurch sind, weitet sich der Raum. Er wird zu einem Raum, der die Betenden umfasst und noch viel größer erlebt werden kann. So groß, dass unsere Vorfahren in ihm Platz bekommen, aber auch der Wind und die Blumen, unsere

Hoffnungen und unsere Ängste. Einfache Worte des Gebetes, die aus der Stille und der gemeinsam erlebten Gegenwart entstehen, können uns fokussieren, berühren und verbinden, sie können so etwas wie ein Boden werden, der uns gemeinsam trägt. Beten bedeutet, dass wir uns mit unserem Sein einem Dritten gegenüber öffnen, uns etwas Drittem gegenüber ausrichten. Diese Öffnung, dieses Ausgerichtetsein vermag eine Kraft zu mobilisieren, die uns aus der inneren Enge, des Um-uns-selbst-Kreisens herausnimmt, die uns einordnet in eine größere Gemeinschaft, die uns davon entlastet, unser eigenes Leben selbst (sinnvoll) machen zu müssen.

Das schräge Bett

Es sind manchmal scheinbar kleine Veränderungen im Raum, in dem wir uns befinden, die helfen, dass ein Raum ein wenig mehr zu unserem Raum wird, zu einem Raum, in dem wir etwas von Weite, von zu Hause, von „einfach dasein können" spüren:

> Als ich eine Patientin besuchte, fiel mir beim Eintreten ins Zimmer sogleich auf, dass ihr Bett anders im Raum stand als bei meinen früheren Besuchen. Es stand nicht mehr rechtwinklig zur Wand, sondern diagonal im Raum. So steht im Krankenhaus sonst kein anderes Bett. Durch diese kleine Verschiebung hatte sich das Zimmer völlig verändert. Sie erzählte mir, was es mit dieser Verschiebung auf sich hatte: Sie hatte sich zuerst im Klinikzimmer ganz unwohl und heimatlos gefühlt. In einer Nacht

träumte sie, wie sie alle Gegenstände des Zimmers aus dem Fenster des Hochhauses hinunterwarf. Am Morgen wachte sie auf mit der Idee, das Bett zu verschieben. Seitdem ist das Zimmer ein wenig mehr zu ihrem eigenen geworden. Sie sei ruhiger, mehr bei sich – auf ihrem schräg stehenden Bett.

Henri Nouwen schrieb in einer persönlichen Krise in sein Tagebuch: „Nur im ständigen, aufmerksamen Hören auf die innere Stimme kannst du zu einem neuen Leben der Freiheit und Freude umkehren."[4] Die Frau folgte ihrer inneren Traumstimme und ließ sich dabei nicht von irgendwelchen Konventionen abhalten. Seitdem ist das schräg stehende Bett für mich zum Zeichen geworden, wie wichtig es ist, auch in der Krankheit „gerade" bei sich zu sein.

Es braucht oft einen kleinen Anstoß, um die gewohnten Dinge anders zu sehen, und dann eine Portion Mut, um das Gewohnte dann auch zu verändern.

Martin hatte vor sich auf der Bilderwand die Bilder seiner Kinder aufgehängt. Für alle Besuchenden war sofort klar, dass die Bilder der Kinder seiner Hoffnung Nahrung gaben, nach Hause zurückkehren zu können. Es wurden immer wieder Bemerkungen gemacht, wie schön es sei, dass die Kinder da waren und auf ihn warteten. Diese Selbstverständlichkeit führte lange Zeit dazu, dass er selber nicht merkte, dass das für ihn nicht stimmte. Im Gegenteil, die Bilder beengten ihn, sie weckten in ihm eine verzehrende Trauer, sie störten immer wieder von Neuem sein labiles Gleichgewicht. Bis jemand einmal ein großes Bild vom Meer mitbrachte, da er wusste, dass Martin den Ozean liebte. Auf einmal wurde Martin klar, dass dieses Bild hier zu hängen hatte – und kein anderes.

Wie geht es mir eigentlich in dem Raum, in dem ich mich am meisten aufhalte? Ich nehme nichts als selbstverständlich hin. Ohne vorgefasste Meinung weile ich einen Moment bei jedem Bild, bei jedem Stuhl und allem, was sich sonst im Zimmer befindet. Ich spüre in mir nach, wie es mir geht, welche Resonanz in mir entsteht. Diese kleine innere Reise wird mir genügend Anweisungen geben, um die Inneneinrichtung meines Raumes vielleicht nur ein klein wenig zu verändern, sodass ich mich leichter und etwas entspannter niederlassen kann.

6 Mit leeren Händen: Das Denken, die Einsamkeit und das Nichts

Das Denken

Ich bin in einer Familie aufgewachsen, in der das Denken höchste Anerkennung bekam und bekommt, väterlicherseits das naturwissenschaftliche, mütterlicherseits das geisteswissenschaftliche Denken. Ein alter Freund meiner Familie sagte mir, als ich gerade die Schule beendet hatte: „Du musst genau denken lernen, du musst Kant in deinen Fingerspitzen haben! Erst wenn du ihn so genau kennst, wirst du weiter, über ihn hinaus denken können. Erst dann wirst du erkennen, auf welchen Grundlagen unser Denken, unsere Vorstellungen über das Leben gebaut sind. Erst dann wirst du eigenständig denken können." Das hat mich sehr angespornt. Ich habe viele Denker studiert (und auch schätzen gelernt) und mich von ihnen inspirieren lassen. Zugleich war es auch ein Weg mit unendlich vielen Abzweigungen, ich war manchmal wie ein Süchtiger auf der Suche nach mehr Stoff, der sich selbst dabei immer wieder aus den Augen verlor.

Der amerikanische Psychologe und Philosoph William James schrieb dazu: „Wir sind so stark in der philosophischen Tradition gefangen, die den Logos oder den diskursiven Gedanken im allgemeinen als den einzigen Weg zur Wahrheit ansieht, dass es uns schwer ankommt, einerseits auf das rohe, noch nicht in Begriffe aufgelöste Leben als auf eine Tatsächlichkeit zurückzukommen, die tiefere Wahrheit uns offenbart, und andererseits die Begriffe als nur praktische Dinge (...) aufzufassen. Es ist, als täten wir unsere stolze Geistesreife ab und würden wieder in den Augen der Vernunft törichte kleine Kinder."[5]

Wenn wir an die Grenze zur Stille kommen, können wir das diskursive Denken nicht mitnehmen. Die Grenzposten werden uns immer wieder aufspüren im Dickicht der Grenze und uns fortweisen. Wenn wir zu denken beginnen, sind wir mit unseren Gedanken beschäftigt und von der direkten Wahrnehmung getrennt, davon, was sich jetzt gerade ereignet. Es ist doppelt schwer die Grenze zur Stille zu überqueren. Einerseits weil wir das Denken so hoch schätzen und ihm als Führer durch unser Leben vertrauen (es natürlich auch oft brauchen!), andererseits weil es neben diesem aktiven, bewussten Denken noch Denkprozesse gibt, die unbewusst ablaufen und die wir darum im Alltag gar nicht bemerken. Sobald wir einmal an die Grenze zur Stille kommen, werden die wachen Grenzwächter sie bemerken, das heißt, wir merken plötzlich, dass wir fast dauernd am Denken sind, ohne dies zu wollen. Es sind kreisende, sich wiederholende Denkfiguren, denen wir uns hingeben und die wir nicht einfach zu stoppen vermögen. Es sind Denkbewegungen, die um Sorgen, um das Morgen oder um verpasste Gelegenheiten kreisen, die uns Energie rauben und uns zugleich nirgendwohin führen. In der Stille bemerken wir diese kreisenden Bewegungen. Sie schnüren uns ein, nehmen uns die Luft zum freien Atem.

Der amerikanische, spirituelle Lehrer Adyashanti dichtet, was an dieser Grenze mit uns geschieht:

Die Wellen des Denkens
verlangen so viel von der Stille.
Dabei gibt sie kein Widerwort,
sie antwortet und streitet nicht.
Sie ist die heimliche Urheberin jedes Gedankens,
jedes Gefühls,
jedes Augenblicks.

Stille.

Sie spricht nur ein einziges Wort.
Und dieses Wort ist nichts als Dasein.
Kein Name, den du ihr gibst,
berührt sie,
fängt sie ein.
Kein Verstand
kann sie erfassen.

Das Denken wirft sich gegen die Stille,
will eingelassen werden.
Doch nichts Erdachtes kann hinein
in ihre leuchtende Dunkelheit,
ihr reines, lächelndes
Nichtsein.
Das Denken stürzt sich
auf heilige Fragen.
Aber die Stille bleibt
unbewegt von dem Wüten.
Sie bittet um nichts.

Nichts.

Aber das gibst du ihr nicht,
denn es ist der letzte Heller
in deiner Tasche.
Und du würdest ihr lieber
mit Forderungen kommen als
mit deinen heiligen leeren Händen.
Adyashanti[6]

Was können wir tun? Anstatt die Gedanken weiterzudenken, weiterzuentwickeln oder uns von ihnen forttreiben zu lassen, beobachten wir das Denken selbst. Der Prozess des Denkens, der Produktion von Einfällen, von Bildern und Worten läuft weitgehend unbewusst und außerhalb unserer Kontrolle ab und es ist darum nicht möglich, die Gedanken einfach zu stoppen. Was wir aber tun können, ist jeden auftauchenden Gedanken so zu behandeln wie alles, was sich sonst ereignet: Wir nehmen ihn wahr, benennen ihn innerlich („ah, da ist ein Gedanke"), wenden uns wieder dem Atem zu und sitzen wiederum da mit unseren „leeren Händen".

Einsamkeit und Intimität

In die Stille kommen wir, indem wir uns (immer und immer wieder) in eine besondere Haltung begeben, mit leeren Händen, mit „kindlichem" Geist, nicht wissend, in gewisser Weise leer und zugleich mit offenem Herzen, wachen Augen und viel Vertrauen in das, was geschieht, was geschehen wird.

Das erfordert einen Abschied. Indem wir uns entscheiden, gedanklich still zu werden, verabschieden wir uns nicht nur von Gedanken, die wir gerne denken, sondern zugleich auch von den Menschen, die diese Gedanken vielleicht schon vor uns gedacht haben, oder von den Menschen, mit denen wir diese Gedanken teilen. Wir lassen damit auch das Gefühl der Sicherheit los, das sie uns gaben. Wir bemerken, wie viel Heimat uns diese geteilten Gedanken in Form von Lebensüberzeugungen, Sehnsüchten und Ermutigungen im Alltag geben und wir spüren, wie die Luft dünner wird. Der Weg in die Stille ist auch ein Weg in die Einsamkeit.

Viele von uns (ich beispielsweise) mögen die Einsamkeit nicht besonders. Es ist anstrengend, auf sich selbst gestellt zu sein, die unzähligen Ablenkungen (die unser Leben scheinbar so viel leichter und bunter machen) beiseite zu lassen und … was? Was bekommen wir? Manchmal spüren wir eine Schwere, Dumpfheit, Leere, Varianten des Nichts (ich komme im nächsten Abschnitt darauf zurück). Jedenfalls werden wir uns selbst antreffen, mit dem, was sich uns aus der Fülle oder Leere unseres inneren Kosmos zeigt. Wollen wir das? Da kommen Dinge an die Oberfläche unseres Bewusstseins, die im Alltag verborgen bleiben, unter einer Schicht von routinierten Verrichtungen, Aufgaben, die wir zu erfüllen haben, von kleinen und großen Ablenkungen. Einiges davon ist überraschend oder angenehm, anderes werden wir nicht mögen, wieder anderes wird schmerzhaft sein.

Die Einsamkeit ist nicht das Ziel des Weges. Wir begegnen ihr im Durchgang, im Gebiet der Grenze. Aber auch hinter der Grenze bleibt sie unsere Begleiterin. Sie ist eine Farbe der Stille, eine Dimension der Reise ins Herz der Gegenwart, eine bleibende Erinnerung, dass wir nur durch unser persönliches Dasein in Kontakt kommen mit anderen, mit der Welt.

Als ich mich mit einigen Männern im Rahmen einer „Visionssuche" auf die Zeit von vier Tagen und Nächten alleine draußen in der Natur vorbereitete, lebten wir zusammen in einem einfachen Steinhaus. Wir kannten uns alle nicht. Zufällig zusammengewürfelt aus Europa, verband uns einzig das Projekt der Visionssuche. Obwohl wir eine gemeinsame Küche hatten, bereitete jeder für sich selber seine eigenen Mahlzeiten. Das war ein Bild dafür, dass jeder vor allem mit sich selbst beschäftigt war, seinen eigenen Gedanken und Befürchtungen nachhing, wie er wohl die vier Tage ohne Nahrung, nur mit sich selbst unterwegs in langen Tagen und dunklen Nächten bestehen würde. Nach den vier Vorbereitungstagen mit wenigen oberflächlichen Gesprächen brachen wir auf, jeder für sich selbst auf seine äußere und innere Reise. Als wir danach in unser Männerhaus zurückkehrten, war die Stimmung völlig verändert. Wir waren uns so nahe, als ob wir uns schon seit Jahren kennen würden, wir kochten gemeinsam und saßen um das Feuer bis tief in die Nacht. Obwohl wir nicht aktiv aneinander gedacht hatten, hat uns diese Zeit verbunden, hat sie uns Intimität und Verbundenheit ermöglicht. Nicht aufgrund von Sympathie oder gegenseitigen Werbens, sondern durch Stille und dadurch, dass wir selbst verletzlicher, weniger zerstreut, der Natur und den natürlichen Prozessen des Lebens gegenüber zugewandter geworden waren.

Das Nichts

> Als wir am Feuer im Haus nach den einsamen Tagen unter freiem Himmel unsere Erfahrungen austauschten, entdeckten wir eine gemeinsame, mächtige Grenze, vor der wir alle standen. Wir dachten vor dem Aufbruch: Was in aller Welt würden wir nur tun, wenn wir vier Tage lang nichts zu tun hätten? Der Leiter der Visionssuche hatte vor Beginn noch bemerkt, es sei (wegen der Waldbrandgefahr) nicht erlaubt, ein Feuer zu entfachen. Das hatte einige von uns besonders hart getroffen. Sie hatten sich ausgemalt, während der vier Tage so ein bisschen wie ein Cowboy vor dem Feuer zu sitzen, immer damit beschäftigt, das Feuer am Brennen zu halten. Das wäre doch immerhin etwas und in einer romantischen Vorstellung (vielleicht vor allem von Männern) gar nicht einmal so übel. Wenn das auch noch wegfiel, blieb wirklich nichts mehr übrig, kein Projekt, das man umsetzen, kein Plan, den man verfolgen konnte.

Was tun wir, wenn wir keine Pläne, keine Aufgaben, keine Rolle zu bekleiden haben? Wer sind wir dann, was gibt uns dann die Kraft, da zu sein, leben zu wollen? In jedem Weg in die Stille kommen wir in Kontakt mit dem „Nichts“, dem „noch nicht Gewussten“, jenseits der kleinen Welt, in der wir uns üblicherweise bewegen. Darum fühlt sich dieses „Nichts“ manchmal an wie Zerstörung, manchmal wie Abgrund, manchmal wie Tod. Dieses „Nichtstun“ ist darum so bedrohlich, weil wir uns ihm hingeben müssen, mit „leeren Händen“. Wir können keine Forderungen stellen, angemessen entlohnt zu werden, was auch immer wir uns darunter vorstellen mögen. Und das „Nichts“ ist auch darum so Angst einflößend, weil wir darin unsere Übersicht und Kontrolle verlieren, weil bisherige Überzeugungen und Gefühle von Sinn erschüttert werden, weil es uns an das Nichts erinnert, das uns am Ende unseres Lebens erwartet.

Vielleicht liegt aber unter dem Nichts ein ganz bestimmtes Thema verborgen, ein Thema, dem wir nicht in die Augen schauen wollen oder können. Vielleicht verwechseln wir das Nichts mit Dumpfheit, mit Angst oder Wut. Es fühlt sich wie nichts an, weil wir wie betäubt, dumpf, abgeschnitten von unserer Lebendigkeit sind. Wir können im Nichts in die Irre gehen, uns im Kreis drehen oder feststecken. Darum sollten wir uns Gefährten suchen, mit denen wir unsere Erfahrungen teilen, die uns aus der Betäubung wecken können. Wir werden den Weg alleine gehen müssen, aber wir müssen es nicht alleine schaffen. Wir brauchen immer wieder die Unterstützung von Gefährten, die uns helfen, uns neu zu sehen, aber auch unsere Bemühungen wertzuschätzen.

Wir, die beiden Verfasser dieses Buches, haben bei unseren gemeinsamen Meditationen und beim Entstehen dieses Buches oft darüber gesprochen, wie unterschiedlich wir die Stille, die Meditation erleben. Das hat uns gegenseitig immer wieder verblüfft und auch fasziniert. Für den Weg in die – und noch weniger in der – Stille gibt es keine allgemeingültige Landkarte. Jede und jeder geht einen eigenen, persönlichen Weg. Andererseits ist der Dialog über die eigene Erfahrung entscheidend, um nicht im Eigenen stecken zu bleiben, um den eigenen Weg mitsamt allen Schwierigkeiten anzuerkennen und darin neue Perspektiven zu entdecken.

Ich erinnere mich an eine Meditation, bei der ich buchstäblich nichts fühlte und darüber sehr frustriert war. Es war, als ob ich in einen Sog der Hoffnungslosigkeit geraten wäre und eigenartigerweise fühlte es sich so an, als würde ich einwilligen, herabgezogen zu werden. Ich wollte mich gar nicht aktiv darum bemühen, wieder Boden unter die Füße zu bekommen. Im Gespräch halfen mir einige Fragen aus einer teilnehmenden und zugleich nicht wertenden Haltung heraus: „Ist das Nichts jetzt noch da? Wo genau?" Ich sagte mir: „Geh nochmals nahe ran. Woran merkst du, dass das Nichts nichts ist?" Diese und weitere Fragen in dieser Art weckten bei mir die Neugier, dieses Nichts ohne emotionale Verstrickung wahrzunehmen bzw. die auftauchenden Emotionen in einer offenen und mutigen Weise wahrzunehmen und zu beobachten. Sie weckten meinen inneren Beobachter, der durch meine „Nichts-Dynamik" etwas narkotisiert gewesen war. Dieser Dynamik konnte ich mich durch die Gespräche viel besser zuwenden, ich konnte ihre Funktion besser verstehen (Betäubung von Angst, die biografisch alte Wurzeln hat) und ihre Perspektive schätzen (Kontakt mit dem Nichtwissen, der Leere). Die vielen Gespräche haben mir geholfen, meine Grenzen als genau die Orte anzuerkennen, wo bei mir der Weg ins Unbekannte beginnt.

Die Schweizer Dichterin Erika Burkhart bringt unseren Weg in den Dimensionen des „Nichts" im Gedicht „Richtungen" treffend zum Ausdruck:

Schau nicht hinab,
tritt weg vom Abgrund,
gehe landein,
einwärts geh
auf dich selber zu.

Aber wer ist das? Ich?
Ein Herz voll Leben,
durch gezählte Atemzüge getrennt
vom Nichts, das Alles war einst.
Gern hab ich gelebt.

Erika Burkhart[7]

7 Der innere Kompost: Den Faden verlieren

Der Sog des Alltags

Vom Musiker John Lennon soll der Spruch stammen: „Das Leben klopfte an meine Türe – aber ich war gerade mit etwas anderem beschäftigt."

Wie gelingt es, wirklich wach zu bleiben? Wie gelingt es, ein Bewusstsein im Hier und Jetzt zu pflegen, ohne uns in irgendwelchen Beschäftigungen zu verlieren und ohne uns künstlich unter Druck zu setzen? Wie gelingt es, uns und die Dinge um uns herum, die jetzt gerade geschehen, einfach wahrzunehmen, wenn wir z. B. auf den Bus warten, wenn wir jemandem begegnen, wenn wir am Wegesrand eine Blume anschauen oder am Nachmittag einen Kaffee trinken – ohne bereits an die nächste Aufgabe, den Abend oder die kommenden Ferien zu denken? Wie vermögen wir uns zu erinnern oder wie lassen wir uns erinnern, im Kontakt zu bleiben mit dem inneren Empfinden, achtsam zu bleiben für den Fluss des Lebens – ohne in die Muster von Zwang zu verfallen, ohne uns selber zu beschämen, weil wir es wieder nicht geschafft haben?

Wie gelingt es, ganz da zu sein, wenn das Leben „an unsere Türe klopft"?

Viele kennen das: Wir haben vielleicht eine stimmige Auszeit, eine intensive Naturerfahrung erlebt, ein Seminar mitgemacht, bei dem wir auf den Geschmack des Loslassens gekommen sind. Wir sind aus dem alltäglichen Modus in einen anderen, tieferen Modus gekommen. Wir haben gespürt, wie gut es uns tut, einfach da zu sein, den Atem zu beobachten, das Spiel des Windes, die Stimmungen in uns, die sich verändern wie das Wolkenspiel. Wir waren für Momente, kürzere oder längere, einfach da. Es war ganz einfach und natürlich. Es ist vielleicht etwas ähnliches, wie wenn wir leichte Gefühle des Verliebtseins spüren: Die Energie ist einfach da, wir müssen nichts Besonderes tun, es zieht uns eher dorthin, als dass wir uns dazu überwinden und antreiben müssten.

> Daniel erzählte mir davon, wie er mit seiner Freundin und wenigen engen Freunden draußen auf einem Hügel war. Sie hatten ein Feuer gemacht, etwas zum Essen und Trinken dabei. Unter ihnen ihr Dorf und oben der weite Himmel. Daniel war leukämiekrank. Dies war sein erster Urlaub im Therapieprozess. Er erzählte, wie stark es war, dort oben zu sein, und wie leicht er sich fühlte, als ob alle Ängste, alle Schmerzen von ihm abgefallen wären. Er fühlte sich ganz verbunden mit der Erde und dem Himmel. Sein Zeitempfinden war völlig verändert. Es schien ihm wie eine Ewigkeit, die Zeit, die sie dort oben verbrachten.

Wir nehmen diese Erfahrung der Auszeit mit nach Hause, in unsere jetzt irgendwie alte, bisherige Welt. Zuerst fließt die neue Energie in den uns bekannten Alltag hinein, er erhält eine andere Farbe, er ist anders als vorher. Zugleich spüren wir auch die Gefahr, den Sog, der von dem Alltag ausgeht. Wir spüren und wissen auch, wie rasch wir uns wieder in alten Mustern, in alten Rhythmen einfinden, weil die täglichen Beschäftigungen, Aufgaben und Sorgen uns scheinbar dorthinein ziehen wie unsichtbare, kräftige Magnete. Und das, was vorher so real, so kräftig war, gerät in den Hintergrund wie ein Traum, der im Verlauf des Tages immer mehr verblasst.

> Daniel erzählte davon, wie ihn im Krankenhaus wieder der Rhythmus des Klinikalltags in Beschlag nahm und wie ihm die Leichtigkeit und das Gefühl der tiefen Verbundenheit, das er auf dem Hügel erlebt hatte, abhanden kam. Wie er wieder, das hatte er fast vergessen gehabt, in diesen Modus des Wartens verfiel, auf die nächsten Resultate der aktuellen Blutproben, auf die Visite des zuständigen Arztes, der ihm sagen sollte, wie es um ihn stand. Daumen oben oder unten, ja oder nein, die ganze Welt dazwischen war wie ausgelöscht.

Das, was vorher ganz leicht und selbstverständlich war, kann vom alltäglichen Leben wie aufgesogen oder korrumpiert werden. Die Übungen, die kleinen Rituale – sie werden im Kontext des Alltags plötzlich zu einem Programmpunkt, den wir abarbeiten „müssen" wie andere Dinge auch. Wir meinen, die Meditation oder die Zeit der Stille in unseren Alltag einbauen zu müssen, beispielsweise am Morgen eine Viertelstunde nach dem Aufstehen. Und damit verlieren sie bereits ihre Fraglosigkeit, ihre Einfachheit, ihre Kraft als Geschenk. Einige Tage werden wir das noch schaffen, weil die Kraft aus der Zeit auf dem „Hügel" noch genügend Wirkung hat. Aber das schaffen wir nicht immer, weil wir am Vorabend doch länger wach geblieben und dann am Morgen zu müde sind, um vor dem Frühstück noch an irgendetwas anderes zu denken als an den vor uns liegenden Tag mit seinem Aufgaben und Herausforderungen.

Die Aktivität des Gärtners

Wie gelingt es, den Kontakt zum „einfachen, lebendigen Dasein" wiederzufinden, dieses Dasein als Dimension unseres alltäglichen Lebens zu pflegen oder einfach zu leben?

> Haiko Nitschke ist ein Visionslehrer, der seit Jahren nach Südfrankreich und in die Wüstengebiete Amerikas zieht, mit Menschen, die eine Auszeit mit sich selber suchen. Er sagte einmal nach einer solchen Zeit, als alle versammelt waren, bereit wieder den Weg in ihr Zuhause auf sich zu nehmen: „Ich könnte euch jetzt sagen, dass ihr ein Ritual für euren Alltag entwickeln und es regelmäßig, zum Beispiel am Abend durchführen sollt. Damit euch das Ritual an die Zeit da draußen erinnert und an die Kraft, der ihr draußen begegnet seid. Das würde am Anfang sicher gut funktionieren, aber vielleicht nicht so lang, weil ihr manchmal keine Zeit habt, müde seid vom Tag, weil euch etwas dazwischen kommt. Irgendwann würdet ihr es immer mehr vergessen oder nicht mehr schaffen und dann werdet ihr zuerst enttäuscht und dann ärgerlich auf euch selber, dass ihr das nicht schafft. Und irgendwann werdet ihr aggressiv sein auf mich, der euch das eingebrockt hat... Drum, tut lieber nichts dergleichen! Vielleicht habt ihr ja Lust, etwas von dem, was ihr draußen gefunden habt, in eurem Haus oder eurer Wohnung hinzulegen, einfach so, ohne Absicht. Ihr schaut es an, und es erinnert euch vielleicht an diese Zeit. Aber wichtig ist etwas anderes: Das, was ihr erlebt habt, ist wie Kompost in euch, es wird sich mit eurem alltäglichen Humus verbinden, es werden Pflanzen daraus entstehen, Gedanken, Träume, Energien – ganz von selbst."

Was Haiko Nitschke vorschlägt, ist eine eigentümliche Form von Aktivität. Es ist die Aktivität des Gärtners oder der Bäuerin, die etwas gepflanzt haben und darauf vertrauen, dass das Gepflanzte jetzt auch wachsen wird. Sie müssen da schon auch etwas tun, sie gießen die Pflanze, befreien sie von Schädlingen – aber zugleich wissen sie: Das Eigentliche, das Wachstum, liegt nicht an ihnen. Die Pflanze wächst von selber, sie hat ihr Wachstumsprogramm in sich, das sich jetzt entfaltet – ermöglicht und unterstützt von den Bedingungen, die sie vorfindet.

Die Kraft, wach und präsent da zu sein, tragen wir in uns. Und mit jeder Erfahrung, die sich in dieser Wachheit entfaltet, vermehren wir sozusagen den Kompost, der das Wachstum dieser Dimension in uns fördert und kräftigt.

Es geht also nicht darum, mit Disziplin oder starkem Willen etwas, eine bestimmte Haltung, herzustellen und aufrechtzuerhalten. Es geht eher darum, uns im Vertrauen einzuüben, dass diese Kraft in uns schon längst vorhanden ist und sie in uns gleich einem Samen weiterwächst und sich entfaltet. Daher handelt es sich eher um ein Kommen-Lassen, ein Zulassen als darum, selber etwas machen zu wollen. Es ist im Kern eine Einladung, sich zu entspannen. Uns innerlich loslassen, das Gegenteil von dem, was wir gemeinhin tun, das Ich nicht vergewaltigen, keinen Zwang ausüben, wirklich bei uns sein, zu uns kommen. Wie beim Einschlafen.

IV REFLEXIONEN

1 Modelle – Landkarten des Bewusstseins: Was passiert, wenn wir meditieren?

Wie funktioniert Meditation? Worauf beruht ihre Wirkung? Meditation hat mit unserem Bewusstsein zu tun. Wenn wir meditieren, sind wir sozusagen angewandte Bewusstseinsforscher und Forscherinnen. Wir spielen mit unserer Aufmerksamkeit. Wir erleben, was passiert, wenn wir unsere Aufmerksamkeit auf Vorgänge lenken, die hier und jetzt stattfinden. Wir erkunden, was geschieht, wenn unsere Aufmerksamkeit von unserem Denken weggelockt und es „da oben“ für Momente still wird. Worauf beruht diese Wirkung? Zauberei ist es keine. Es ist wunderbar, entspannt und hellwach gleichzeitig zu sein, ein stilles inneres Glück zu spüren, das tief in einem selbst entspringt. Es ist wunderbar, aber kein Wunder in dem Sinne, dass es keinen Gesetzen folgen würde. Es folgt gewissen Gesetzen. Deshalb gibt es ja auch Meditationsschulen, die in Gesetzmäßigkeiten des Meditierens einführen. Da Meditation nicht aus Gedankeninhalten besteht, sondern die Art unseres Wahrnehmens betrifft, ist sie nicht erlernbar wie ein Stoff aus Mathematik oder Biologie, sondern ist einer Fahrschule ähnlicher: Wie steuere ich ein Auto? Das muss ich erleben, muss ich machen, um es zu begreifen. Ähnlich ist es bei der Meditation.

Erstes Bild: Das Meer, Welle und Tiefe

Der Bewusstwerdungsprozess, der durch Meditation ausgelöst wird, folgt der Schwerkraft: Es gibt eine Bewegung in die Tiefe. Wir sinken mit unserer Aufmerksamkeit unter die Oberfläche dessen, was wir gewohnheitsmäßig sehen. Die Oberfläche: das sind beim Meer die Wellen, in unserem Leben ist es das Auf und Ab von Anspannung und Entspannung, Tag und Nacht, Erfolg und Misserfolg, gesund und krank, reich und arm, Arbeit und Freizeit, Nähe und Distanz. Der ist ganz oben angelangt und der ist ganz unten, so denken wir. Diesen Kampf an der Oberfläche mit dem dauernden Verlieren oder zumindest der dauernden Angst vor dem Verlieren, wenn man oben ist, und der verzweifelten Sehnsucht, nach oben zu kommen, wenn man unten ist, das nennen wir üblicherweise das Leben. Ruhe ist hier sehr flüchtig. Über allem schwebt das Schicksal des Untergangs. Wenn ich nur auf diese Ebene bezogen bin, ist der Untergang – der Tod – so sicher wie das Amen im Gebet. Der Körper, der geboren wird, wird sterben. Das ist die Oberfläche unserer Wirklichkeit, der Film, in dem wir drinnen sind. Jeder ist in seinem Film. Dieser Film, den wir leben, hat einen direkten Bezug zum Film, der sich in unseren Köpfen abspielt. Die Gedanken-Wellen und die dazugehörigen Bilder- und Stimmungs-Wellen ziehen unentwegt über die Oberfläche unseres Bewusstseins und bestimmen, wie wir den Film „draußen“ erleben.

Unter der Oberfläche ist es ganz still. Wie hoch der Sturm die Wellen auch aufpeitscht, unten ist es ganz still. Egal wie unsere Lebenssituation gerade aussieht, ob es drunter und drüber geht: tief in mir drinnen ist es still. Viele Menschen möchten die innere Stille finden. In diesem Wunsch spiegelt sich das Wissen wider, dass innere Ruhe nicht gemacht, sondern nur gefunden werden kann. Sie ist immer schon da. Nur die eigene Aufmerksamkeit muss noch dahin finden. Willigis Jäger fasst es im Titel eines seiner Bücher prägnant zusammen: „Die Welle ist das Meer.“

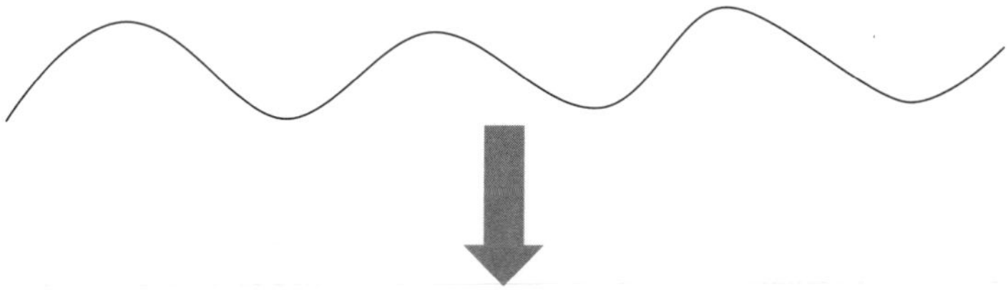

Das Meer, der Mensch, ist Oberfläche und Tiefe.

Das Erleben der Stille in der eigenen Tiefe macht ruhig. Es relativiert die Bedeutung des Auf und Ab der Wellen an der Oberfläche. Das Leben bleibt genauso spannend, herausfordernd und unberechenbar. Aber ein Teil unserer Aufmerksamkeit ruht sozusagen in Abrahams Schoß. Was real passiert, ist nicht mehr absolut, es wird relativiert. Arbeit, Gesundheit, die Beziehung zu einem bestimmten Menschen ist nicht mehr alles. Ich spüre, dass ich mehr bin als das, was da entsteht und vergeht in meinem Leben. Es entsteht Spielraum, weil es nicht mehr um alles oder nichts geht. Das Leben ist nicht mehr todernst oder auch sinnlos. Es ist nicht mehr der Ort, der all unsere Sehnsucht erfüllen muss. Es ist der Ort, an dem sich unser Inneres ausdrückt und zeigt. Es ist die Welt, in die wir fallen, an der wir reifen, die wir mitgestalten und miterschaffen – lange vielleicht ohne es zu merken.

An der Oberfläche ist es bewegt, gehen die Wellen. Wenn Sie ins Meer eintauchen, ist es ganz still. Es ist dasselbe Meer. Meditation – sich hinunter sinken lassen in die eigene Tiefe des Menschseins. Eine Schwierigkeit dabei: Beim Sinken in die eigene Tiefe stoßen Sie auch auf alles, was Ihnen Angst macht: Ungelöstes, Verletzendes, Verdrängtes, alles, was Sie nicht spüren wollten. Es hat ja auch seine Gründe, dass wir Menschen so an der Oberfläche unseres Daseins leben. Das Sinken in die eigene Tiefe braucht die Bereitschaft zu einer Umkehr. Die Bereitschaft, dem spontanen Impuls vom Vermeiden und Fliehen nicht mehr zu folgen, sondern durch die innere Unruhe und die eigenen Ängste hindurchzugehen. Damit Sie das können, brauchen Sie einen Anker: Sie lenken Ihre Aufmerksamkeit auf etwas, das immer da ist und das sich im Hier und Jetzt ereignet: der Atem oder die innere Lebendigkeit. Aber es ist eigentlich nicht der Atem, den Sie suchen und auch nicht die innere Lebendigkeit. Es ist eine innere Stille, ein innerer Friede, ein inneres Licht. Worte sind hier wenig hilfreich und wirken sehr schnell pathetisch. Vielleicht hilft hier das Modell mit der Weltkugel ein wenig weiter.

Zweites Bild: Modell Oberfläche und glühender Kern

In diesem Modell steht die Erde für Sie als Mensch. An der Oberfläche Ihres Daseins ist es manchmal Tag und manchmal Nacht. Ihr Bewusstsein hält sich gewohnheitsmäßig an der Oberfläche auf. Immer wieder versinkt das Bewusstsein in finstere Nacht: sie schlafen. Unter der Oberfläche ist es dunkel: das Unbewusste, also alles, was Ihnen (noch) fremd ist. Ihr Bewusstsein kann es nicht durchdringen, es ist finster. Aber darunter wird es wieder hell: Der Kern der Erde, der Kern Ihres Daseins ist Feuer, ist Glut. Die feste Kruste unserer Erde, die uns so undurchdringlich erscheint, ist nur eine dünne Haut wie die eines Apfels. Ist Ihnen das bewusst? Unsere Alltagserfahrung an der Oberfläche der Erde macht uns diese Dimension kaum bewusst. Aber wenn Sie zum Beispiel ein Loch bohren lassen, um Ihr Haus über eine Wärmepumpe mit Erdwärme zu heizen, so werden Sie merken, wie nah dieses Feuer ist. Alle zehn Meter, die Sie in die Erde bohren, wird es um ein Grad Celsius wärmer. Auf Ihr Wesen als Mensch übertragen bedeutet es: Die innere Glut ist ganz nah, Sie können sie spüren. Dieses innere Feuer schimmert durch die dunkle Schicht hindurch, sodass sie es sehen oder ahnen und sich an diesem Schimmer orientieren können. Es braucht nur die Verlagerung der Aufmerksamkeit von der Oberfläche in die eigene Tiefe.

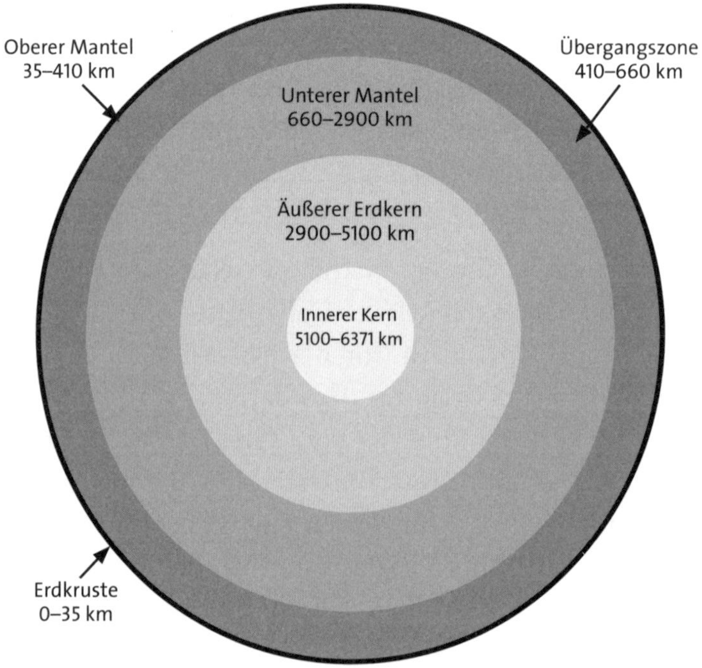

Dieses Modell aus Wikipedia (Artikel „Innerer Aufbau der Erde") zeigt, wie dünn die feste Erdkruste ist. Der Erdmantel ist flüssig und zwischen 1200 und 2800 Grad heiß. Im Erdkern herrschen Temperaturen bis zu 6000 Grad.

Drittes Bild: Sein – Zeit – Modell

Die Einsicht, dass wir Zeit auf zwei einander sehr verschiedenen Ebenen erleben, fasziniert mich schon lange. Die Erkenntnis ist nicht neu. Das Griechische zum Beispiel kennt zwei Begriffe für Zeit: Chronos und Kairos. Aus dem Chronos ist unser Chronometer geworden, der Zeitmesser, die Uhr. Chronos unterteilt die Zeit in genau gleiche Teile, Sekunde für Sekunde, Stunde für Stunde, Jahr für Jahr. In dieser Art des Erlebens stehen Vergangenheit und Zukunft im Mittelpunkt. Der gegenwärtige Augenblick ist auf dieser Zeitkurve gar nicht zu fassen, er ist immer schon vorbei, er ist ein mathematischer Punkt ohne Ausdehnung, an dem ich gar nicht verweilen, gar nicht sein kann.

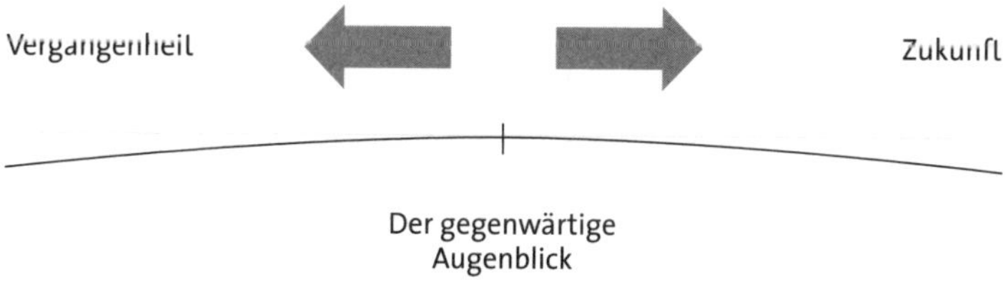

Dieser Erlebensmodus bestimmt und dominiert unseren Alltag. Wie spät ist es? Wie viel Zeit habe ich noch? Ich muss noch… ich will noch… Welchen Tag haben wir? Heute ist der Soundsovielte. Wir denken, ja, wir befinden uns in der Zeitkurve. Auf der wandern wir mit unserer Aufmerksamkeit ständig vor und zurück.

Entsprechend linear fühlt sich unser Leben an. Wenn ich das und das mache, passiert das und das. Weil ich das gemacht habe, ist das passiert – Schuldgefühle. Wir denken in kausalen Zusammenhängen. Und von Zeit zu Zeit erlauben wir uns einen Ausstieg aus diesem Hamsterrad der Zeit: Wir machen Feierabend, wir haben Wochenende, wir machen Ferien. Damit sind wir den Zeitdruck von Schule und Arbeitsplatz zwar weitgehend los, das Hamsterrad im Kopf ist dadurch jedoch nicht automatisch abgestellt. Es läuft weiter. Bei vielen gehen auch die Termine weiter, nur sind es jetzt Freizeittermine, Vereinbarungen, Treffen dort, Treffen da, Unternehmung hier, Unternehmung da. Und dann auch ein wichtiger Termin: endlich ausschlafen. Nun, eine andere Möglichkeit, mit dem Hamsterrad fertigzuwerden, ist Alkohol. Das haben nicht gerade wenige Menschen entdeckt. Ein Feierabendbier oder zwei, ein Prosecco, ein paar Gläser Rotwein, ein Joint oder ein Schnaps in den Kaffee: Irgendetwas wird weicher im Erleben, ist nicht mehr so streng getaktet. Das Denken wird etwas zur Seite gedrückt, verliert seine beherrschende Dominanz und Anflüge innerer Leichtigkeit werden spürbar – zumindest beim ersten Glas. Zum „Runterfahren“ brauchen ganz viele Menschen den Alkohol. Was wird denn runtergefahren? Wie das Wort schon sagt: der innere Computer, die Denk-Maschine, Chronos. Mit dem Schwächen des logischen Denkens wird auch die Dominanz der Zeitkurve in unserem Erleben gebrochen. Plötzlich ist alles nicht mehr so wichtig, nicht mehr so genau, nicht mehr so streng: Ferien vom strengen, kleinen Ich.

Es gibt andere Arten, die Zeit zu vergessen. Wenn wir ganz mit etwas befasst sind, was uns interessiert, kann sich das Zeitgefühl stark verändern. Was, schon so spät? Aber wir haben doch gerade erst angefangen. Kinder können besonders gut ganz in dem sein, was sie tun, während wir Erwachsene gleichzeitig noch an verschiedene Dinge denken, die wir noch machen möchten, und eigentlich selten ganz da sind. Es sind Glücksmomente, in denen wir die Zeit vergessen. Durch die schmale Tür des Jetzt treten wir in eine andere Dimension ein. Der gegenwärtige Moment weitet sich ins Unermessliche und plötzlich schmilzt die Zeit wie auf Salvatore Dalis Bild „The Persistence of Memory". Flow ist der Fachbegriff für jenen Zustand. Er bezeichnet das Gefühl völliger Vertiefung und des Aufgehens in einer Tätigkeit. Das Ziel liegt in der Tätigkeit selber. Handeln und Bewusstsein fallen in eins zusammen, Zeit wird relativ, Harmonie und intuitives Wissen werden spürbar.

Zeit: Chronis – Kairos – Jetzt

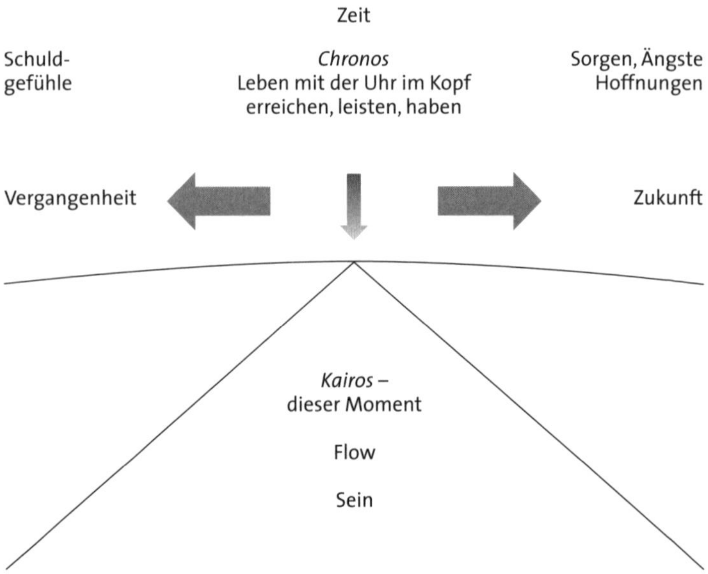

Kairos, der gegenwärtigen Moment, die Gunst der Stunde, das, was jetzt geschieht und nur jetzt geschehen kann. Das schmale Türchen des gegenwärtigen Momentes ist ein Zugang in die Dimension des Seins. Die Ewigkeit ist nicht die ins Unendliche verlängerte Zeitkurve, sondern ist das Jetzt.

Äußerer Lärm – innerer Lärm – Stille

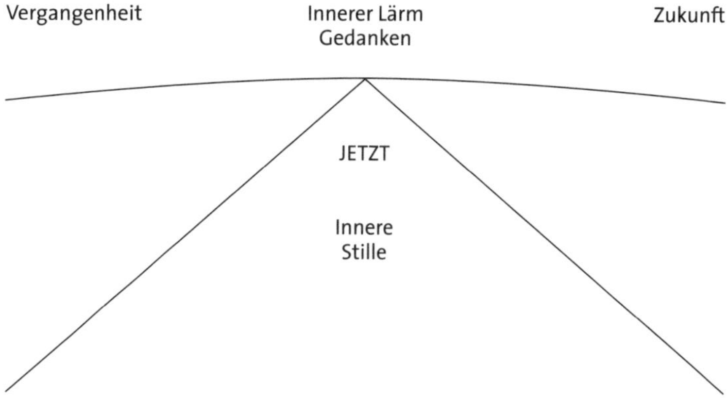

Ein unverkennbares Merkmal der Dimension des Jetzt ist die innere Stille. Worin besteht sie?

Was äußerer Lärm ist, ist nicht schwer zu erklären: Geräusche, die man mit dem Ohr wahrnimmt. Ebenso klar ist, was mit äußerer Stille gemeint ist: die Abwesenheit von Geräuschen. In unserer Zivilisation ist das leider etwas ganz Seltenes geworden, dass es irgendwo ganz still ist. Selbst in die entlegensten Winkel der Berge dringt immer häufiger der Lärm von Helikoptern, Abfangjägern, Zivil- und Sportflugzeugen. Äußerer Lärm erschwert den Zugang zur Dimension des Seins, äußere Stille erleichtert ihn. Dennoch ist die innere Dimension unabhängig von der äußeren. Man kann mitten im Menschengewühl innerlich ganz still sein, ebenso wie man im stillsten Wald voller Unruhe, Streit und Diskussion sein kann. Das ist der innere Lärm. Es redet in uns. Es ist laut in unseren Köpfen: es denkt, es hofft, es plant, es ärgert sich, es überlegt und überlegt. Es ordnet und spielt Horrorszenarien durch. In der Nacht im Bett zum Beispiel: Draußen ist es still, ich bin geborgen und sicher, aber in mir Stress. Woran es sich auch immer aufhängt, es sind meist besorgte, angsterfüllte, problemschwere Gedanken: innerer Lärm. Wie schön ist es, wenn wir innerlich still sind. Wir sind da, nehmen alles wahr, schwingen mit und ruhen in uns selbst. Innere Ruhe, innere Zufriedenheit, stilles inneres Glück da zu sein. Die Selbstverständlichkeit und Leichtigkeit des Seins wird spürbar, wenn es still in uns ist. Erinnern Sie sich an Momente innerer Stille? Lassen Sie doch so einen Moment jetzt, da Sie das lesen, wach werden. --- Momente innerer Stille, Momente, in denen wir innerlich nicht reden, Momente entspannter Wachheit. Die Dinge bekommen einen Raum um sich herum. Sie werden plastischer, farbiger. Es ist, als würde man von Mono auf Stereo schalten, von zweidimensionale auf dreidimensionale Wahrnehmung. Das Raumhafte scheint mir besonders charakteristisch für die Dimension der inneren Stille. Wenn der Wald, durch den ich gehe, nicht wie ein flaches, lebloses Bild auf mich wirkt, sondern voller Tiefe, Lichtspiel und Leben ist, dann ist innere Stille im Spiel. Wenn etwas aufleuchtet, Schönheit empfunden wird, dann sehen wir mit dem Herzen, schwingt unsere Tiefe mit, sind wir eingetreten in den Seelenraum innerer Stille.

Bewusstsein – Sein – Jetzt

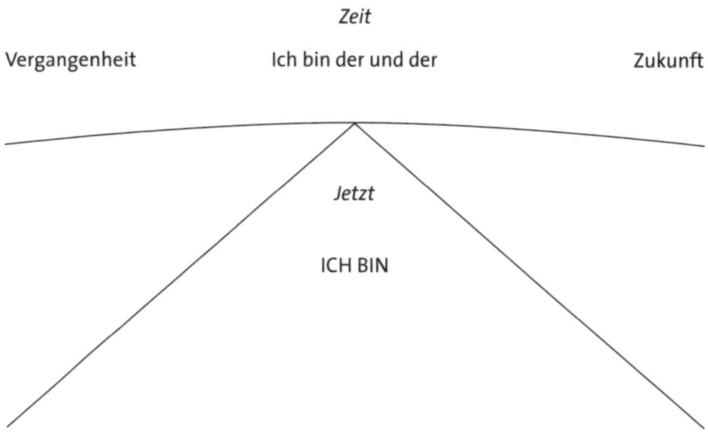

Der zweite Teil des ersten Kapitels ist überschrieben mit „Die Aufmerksamkeit auf das Gewahrsein selbst lenken". Dort geht es darum, nicht nur den Atem zu spüren, sondern uns darüber bewusst zu werden, dass wir atmen. Dass wir nicht nur bestimmte Geräusche hören, sondern uns bewusst werden, dass wir hören. Das ist kein Gedanke, sondern wir werden uns unserer Bewusstheit bewusst. Unser Bewusstsein wird sich seiner selbst bewusst. Ich werde mir der Ebene meines Seins bewusst, die nicht aus bestimmten Inhalten besteht wie: Ich bin ein Mann oder eine Frau, ich bin soundso alt, ich bin Schweizer oder ich bin Österreicher, ich bin Patient oder ich bin Therapeut. Ich werde mir des Bewusstseinsraumes bewusst, in dem alle diese Inhalte, die mich charakterisieren, auftauchen. Es ist die Ebene, die diese Inhalte denkt. Ich bin nicht mit den Eigenschaften einer bestimmten

Rolle befasst, die ich spiele, sondern werde mir meiner selbst bewusst: „Ich bin.“ Diese Ebene unseres Daseins können wir erleben. Alle großen Religionen und spirituellen Lehren erinnern uns in verschiedenen Bildern und Sprachen daran, dass Reichtum, Erfolg, Gesundheit und langes Leben uns nicht auf Dauer glücklich machen können. Warum? Weil wir uns selbst in den Inhalten nicht finden können, weil wir sie nicht sind. Wir sind das Bewusstsein, das sie denkt.

Zeit: Gottesbilder – ICH BIN

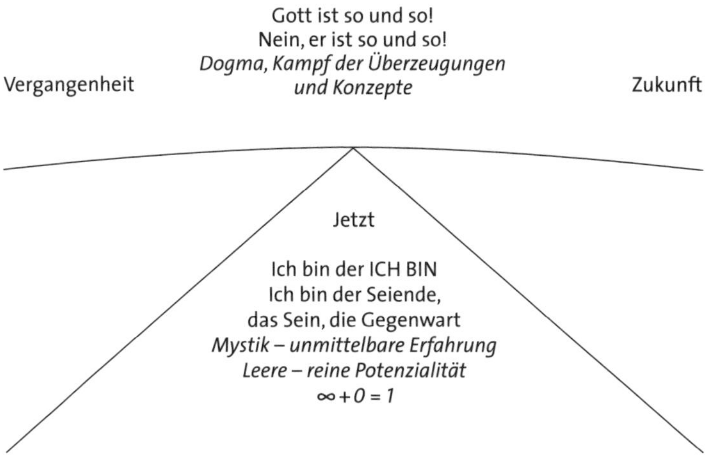

Das Modell von Zeitkurve und Sein erhellt das Wesen der Religion. Der Kern der Religion, die unmittelbare Gotteserfahrung, findet im Jetzt statt und ist unmittelbar. Der Mensch, der sie erfährt, taucht ins Sein ein, wird bewusst, erleuchtet. Mose erfährt Gott als das Sein, als die Gegenwart, die wie ein loderndes Feuer brennt und die Form des Dornbusches, die Gestalt des Mose doch nicht verbrennt. Diese Gegenwart durchglüht aber alles, ist das Leben von allem, was lebt. Ich bin der ICH BIN. Ich bin der Seiende. Ich werde sein, der ich sein werde. Das sind die Worte, mit denen wir den hebräischen Namen Gottes zu übersetzen versuchen, die wiederum ein Widerhall der unmittelbaren Erfahrung von Mose sind. Diese Worte sind Form, erscheinen auf der Zeitkurve. Sie vermitteln etwas von der unmittelbaren Erfahrung, weisen auf sie hin, sind Wegweiser, können die Wirklichkeit, auf die sie hinweisen, jedoch nicht umfassen, nicht definieren (*finis* ist die Grenze, definieren ist das Beschreiben der Grenzen eines Sachverhaltes).

Wird auf der Zeitlinie definiert, wer Gott ist oder worin das Göttliche besteht, fängt der Überzeugungskampf an, der schon oft im Religionskrieg geendet ist.

Psychische Störungen – Gegenwart

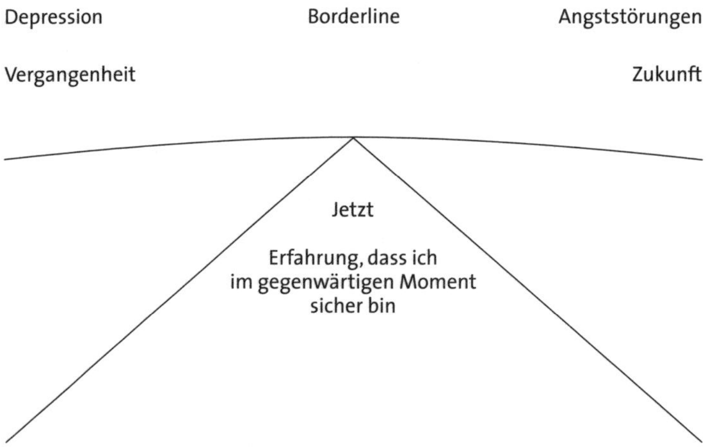

Einige psychische Erkrankungen haben mit dem Erleben auf der Zeitkurve zu tun. Depressive scheinen in ihrem Schauen auf die Vergangenheit gefangen zu sein. Sie sind nach rückwärts gerichtet. Angsterkrankte sind genauso auf der Zeitkurve gefangen, nur mit dem Blick nach vorn in die Zukunft gerichtet. Borderline-Problematik kann man auf diesem Modell als Hin- und Herspringen zwischen Vergangenheit und Zukunft verstehen. Wenn es gelingt, in die Gegenwart zu finden, wird die Erfahrung von Sicherheit und Aufgehobensein zugänglich. Im Moment ist alles da, was ich brauche. Was die Zukunft bringen wird, hat im Jetzt nicht mehr die Wucht, die der Gedanke an sie auf der Zeitkurve entwickeln kann.

Viertes Bild: Urknall, Ursprung, Zeitkurve und Sein

Wie ist alles entstanden? Woher kommt das Leben? Wo ist unser Ursprung? In der Wissenschaft hat sich die Ansicht durchgesetzt, dass alles vor 14 Milliarden Jahren mit dem Urknall begonnen hat. Dieser Knall war ganz leise, denn es gab keine Luft, die Trägerin eines Schalles hätte sein können. Unvorstellbar: Alle Materie und Energie aller heute existierenden Galaxien war in einem winzig kleinen Kern enthalten, der sich seither unaufhörlich ausdehnt. Bis auf eine Billionstel Sekunde kann sich die Astrophysik an diesen Urknall heran begeben mit ihren Beobachtungen und Berechnungen. Doch der allererste Moment ist nicht berechenbar. Er bleibt unzugänglich. Der Ursprung bleibt ein Geheimnis. Woher kommt das, was da im allerersten Moment aus einer völligen Verdichtung sich entfaltete und sich seither immer weiter auseinander bewegt, sich zu immer komplexeren Strukturen entfaltet? Das Licht des Urknalls ist im All immer noch sichtbar, wenn auch nicht für das freie Auge. Ist nicht ebenso der unberechenbare Ursprung in allem spürbar, was durch das All fliegt, in allem, was existiert?

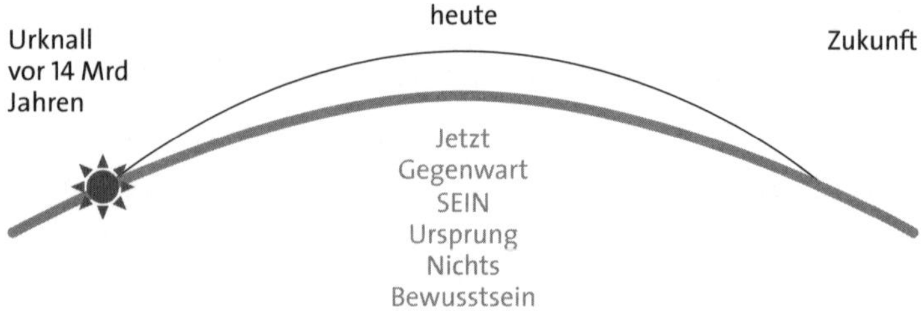

Die Dimension des Jetzt, die nur einen winzigen Bruchteil unterhalb der Oberfläche, die wir als alltägliche Wirklichkeit anschauen, liegt: Könnte sie nicht der Ursprung sein, der alles hervorbringt, selbst aber nicht der Zeit angehört? Die Zeit und mit ihr alles, was zu Zeit und Raum gehört, ragt heraus (*existere*: herausstehen, herausragen, existieren) aus dem Nichts, aus dem alles entspringt. Der Ursprung ist in allem spürbar. Wir spüren ihn nicht, wenn wir mit unserer Aufmerksamkeit ganz von der Zeitkurve eingenommen sind. Aber der Ursprung ist ganz nah, ganz präsent, ist die Gegenwart selbst, ist das Bewusstsein, das all die Dinge auf der Zeitkurve wahrnimmt.

Vielleicht muss man sich den in der Gegenwart präsenten Ursprung als großen Kreis vorstellen, auf dem die Zeitlinie entsteht, sich entfaltet und in die sich die Zeitlinie irgendwann auch wieder einfaltet. Einfaltung – Entfaltung: ein Entstehen und Vergehen von Universen.

2 Meditation und Rausch / Sucht

Meditation und psychoaktive Substanzen

Warum trinken, kiffen, koksen Menschen? Wie hängen Meditation und psychoaktive Substanzen zusammen? Meditation hat direkte Bezüge zu Vorgängen, die sich bei Menschen abspielen, die bewusstseinsverändernde Drogen zu sich nehmen. Die Bedürfnisse, die sich in der Einnahme psychoaktiver Substanzen einen Weg bahnen, werden auch in der Meditation angesprochen. Zum Teil werden sie durch Meditation gestillt, zum Teil verändert oder aufgelöst.

Die Motivationen Drogen zu konsumieren, sind vielfältig. Ich greife einige Motivationsstränge, die mir häufig begegnen und deshalb zentral scheinen, heraus.

Das Bedürfnis, das Bewusstsein zu verlieren – zurück in den Mutterschoß

Konflikte werden „gelöst“, indem sie nicht mehr wahrgenommen werden. Nicht mehr streiten, nicht mehr kämpfen, sich nicht mehr plagen, nicht mehr in Frage stehen, nicht mehr leiden, nicht mehr spüren, Verantwortung los sein, die anstrengende Welt verlassen und eintauchen in eine warme, später dunkle Welt des Vergessens, in der man selbst nicht in Frage steht und irgendwann auch nicht mehr wichtig ist. Ich lösche das Licht. Es drückt sich darin auch das Bedürfnis aus, einfach zu sein. Landläufige Ausdrücke für den (Alkohol-)Rausch spiegeln diese

Bewegung wider: sich zuschütten, zudröhnen, zuputzen, benebelt sein. Es zeigt sich darin das Bedürfnis, in einer gewissen Weise nicht mehr zu sehen und Bewusstsein zu verlieren.

Psychologisch spricht man von Regression. Sich weiterzuentwickeln erscheint an einem bestimmten Punkt als zu anstrengend, zu unsicher, zu gefährlich, zu schmerzhaft. Also zurück in das, was schon einmal sicher und angenehm war: in den Mutterschoß, wo für alles gesorgt war, wo ich einfach sein konnte.

> Ein Patient schildert diesen Effekt. Er schnippte mit den Fingern und sagte: „Klick und weg ist es, das Störende."

Die Flucht zurück in den Mutterschoß kann sich auch als Krankheit ausdrücken: Ich kann nicht meinen Mann stehen und Verantwortung übernehmen, ich muss mich schonen, brauche Pflege. Es gibt viele Formen, die diese Bewegung zurück annehmen kann. Der Rausch ist eine davon.

Das Bedürfnis abzuschalten – Ferien vom Ich

Das Bedürfnis nach Rückzug und heiler Welt kommt in etwas schwächerer Form im Bedürfnis nach Abschalten vor. Es ist ein Grund, der sehr häufig genannt wird für das Konsumieren von Alkohol. Das sogenannte Feierabendbier gehört auch dazu: weicher und gelöster werden, sich entspannen können. Vielfach wird die Formulierung aus der Computersprache genommen: „abefahre" heißt es auf Schweizerdeutsch, „herunterfahren" im Schriftdeutsch. Der Vergleich ist ausdrucksstark und treffend. Da sind viele Programme offen im Kopf: es gelingt nicht, die Gedanken zu stoppen. Der Rechner rechnet unaufhörlich weiter, rechnet alle Programme durch und kommt zu keinem Ergebnis. Dieses Gedankenkreisen ist in der Nacht besonders beeinträchtigend, da es nicht nur den Schlaf, sondern auch alle Energie und Ruhe raubt.

Alkohol vermag das Gedankenkreisen eine Zeitlang zu verlangsamen und zu stoppen, facht es aber nach dem Rausch umso stärker wieder an. Schuldgefühle kommen hinzu, das Gefühl, versagt zu haben, verstärkt sich und die Angst vor den realen Herausforderungen nimmt zu – ein Teufelskreis.

Ferien vom Ich: So kann man das Bedürfnis nach einem Rausch nennen. Unter dem Bedürfnis, Party zu feiern und lustig zu sein, liegt das Bedürfnis tiefer Entspannung. Viele Jugendliche, aber auch Erwachsene suchen am Wochenende nach diesem Ausstieg: aussteigen aus dem Rhythmus der Arbeit und der Familie, aber noch dringender das Bedürfnis, aussteigen zu können aus der eigenen inneren Enge, aus dem Gefühl von Anspannung, innerem Leistungsdruck, innerer Unsicherheit und Heimatlosigkeit, Ferien vom Ich, vom kleinen Ich, das sich unterschwellig immer irgendwie bedroht fühlt und nie richtig genug bekommt. Verschiedene psychoaktive Substanzen sorgen dafür, dass sich dieses kleine Ich grandios fühlt, und setzen für gewisse Zeit die strengen, strafenden Stimmen des Über-Ich außer Kraft. Das Kind in uns hat für einen Moment das Gefühl, unbeschwert spielen zu können. Die meist unzufriedenen und peinigenden inneren Antreiber sind weg, Unbeschwertheit und Leichtigkeit machen sich breit.

Das Bedürfnis, das Bewusstsein zu erweitern – die Ekstase

Nicht wenige Menschen spüren oder ahnen, dass sie mehr sind als brave Kinder, gute Eltern, tüchtige Angestellte und ordentliche Bürger. Sie spüren, dass unter dem durchschnittlichen und angepassten Menschen ein tiefer Traum von intensivem, selbstbestimmtem Leben schlummert, dass sie zu einer Freiheit und Leidenschaftlichkeit fähig sein könnten, die alle Grenzen sprengt. Hinter dem Schleier des Gewohnten ist eine Unmittelbarkeit und Kraft am Werk, die ins Leben drängt. Drogen ermöglichen unter Umständen einen Ausflug in dieses Reich. Ich zünde eine Rakete, die mich in andere Sphären des Erlebens katapultiert: Entgrenzung, Freiheit, Intensität, Kribbeln, Brennen, Ekstase – und das ohne langen und mühsamen Entwicklungs- und Befreiungsweg.

Der Versuch, mit psychoaktiven Substanzen das Bewusstsein zu erweitern, ist nicht neu. In einigen Naturvölkern wurden und werden psychoaktive Substanzen gezielt eingesetzt, um Krankheiten zu heilen oder Schamanen auszubilden. Stanislav Grof hat in den 70er-Jahren des vergangenen Jahrhunderts LSD gezielt und so weit als möglich kontrolliert eingesetzt, um spirituelle Prozesse bei Menschen zu vertiefen. Da der Einsatz von LSD keine gesellschaftliche Akzeptanz (sprich Legalität) erlangte, entwickelte Grof das holotrope Atmen, um auf diesem

Weg dasselbe Ziel zu verfolgen: das Aufbrechen von starren Persönlichkeitsmustern, Zugang bekommen zu tieferen Schichten unseres Daseins.

Heroinabhängige erzählten mir, wie intensiv und schön sie zu Beginn den Flash erlebten. Sie haben kaum Worte, um das Wohlgefühl und die Entgrenzung dieses Augenblicks wiedergeben zu können. Leichtigkeit des Seins. Aber sehr schnell setzt die Sucht ein. Die Intensität lässt schnell nach und die Droge wird zum Schmerzmittel, mit dem sie sich für kurze Zeit etwas wohler und gelöster fühlen. Die tiefe Motivation ist wahrscheinlich immer noch, die Entgrenzung und innere Freiheit wieder zu erleben, auch wenn die Droge nur noch konsumiert wird, um sich nicht so elend, sondern halbwegs schmerzfrei zu fühlen.

Jene jungen Menschen, die sich vor Partys mit Alkohol „aufwärmen“ und dann chemisch hergestellte Drogen wie Ecstasy nehmen, suchen Intensität und Entgrenzung: alles rundherum vergessen, nur noch die Musik in den Adern und tanzen, tanzen, tanzen. Ekstase ist das Ziel. Das aus dem Griechischen stammende Wort Ekstase bedeutet „aus sich heraus treten, außer sich sein“. So alt wie der Begriff ist auch die Erfahrung, auf die er hinweist, nämlich eine Veränderung des Bewusstseins, das als erweitert erfahren wird. Pilze und LSD werden konsumiert, um das kleine Ich aufzusprengen, um das Gefühl von Getrennt- und Eingesperrtsein in einem engen Denken und Zeitraster zu durchbrechen, zu transzendieren. Transzendenz (lat. *transcendere*) bedeutet „darüber hinaus schreiten“: Es gibt mehr als alles und ich will es erfahren!

Alkohol ist im Zusammenhang der Bewusstseinserweiterung besonders trügerisch. Er verheißt Bewusstseinserweiterung, bewirkt aber das Gegenteil. Nach einem kurzen Aufhellen verdunkelt Alkohol das Bewusstsein. Alkohol dämpft, weshalb er auch von Menschen verwendet wird, die unter Angst und Spannungszuständen leiden. Das führt weg von der Ekstase und hin zum Bedürfnis, dem wir uns als nächstes zuwenden wollen: dem Bedürfnis, sich beruhigen zu können.

Das Bedürfnis, die Angst zu dämpfen – sich Mut antrinken und Beruhigungstabletten einnehmen

Das Bedürfnis, Angst zu überwinden, ist riesig in unserer Gesellschaft. Der Markt an Beruhigungs- und Schlafmitteln ist gewaltig groß. Vermutungen von deutschen Suchtexperten zufolge, gibt es in Deutschland gleichviel Medikamentenabhängige wie Alkoholabhängige. In der Schweiz und in Österreich dürfte es nicht viel anders sein, aber nur sehr wenige lassen sich behandeln. Das Spektrum reicht von einer häufigen Anspannung über Dauerstress bis hin zu Angststörungen, die das Alltagsleben beinträchtigen und zur Qual werden lassen. Derartiges scheint nicht die Ausnahme, sondern die Regel in unserer Zivilisation zu sein. Nicht wenige haben den Alkohol als Regulator entdeckt. Vor einem Vortrag oder einem Bewerbungsgespräch drei Deziliter Wein trinken, um sich zu beruhigen, ohne Schlaftabletten nicht schlafen, ohne Beruhigungstabletten nicht außer Haus zu können: Unsere Zivilisation ist eine Stress-Zivilisation, die Angst unterschwellig allgegenwärtig, da wir das Aufgehobensein im Sein nicht kennen und alle Erwartungen in die Zukunft, sprich in die Zeitkurve setzen, die diese Erwartungen jedoch nicht erfüllen kann. Wir spüren es und haben Angst. Alkohol ist nicht von ungefähr als legale Droge anerkannt. Es ist das Beruhigungsmittel einer nervösen Gesellschaft.

Leere nicht spüren – das Loch füllen

Das Gefühl von Leere zu vermeiden, wird häufig als Grund angegeben, warum der Alkoholkonsum drastisch gesteigert wurde und entglitt. Das Gefühl der Leere kann durch Verlusterfahrungen ausgelöst werden wie Auszug der Kinder oder des Partners, Verlust der Arbeitsstelle, der Heimat oder des Umfeldes. Das Fehlen einer sinnvollen Beschäftigung, Einsamkeit, soziale Isolation, der Eindruck, dass niemand auf einen wartet, hinterlassen Leere und Sinnlosigkeit.

Das Gefühl von Leere hat aber auch noch andere Wurzeln. Von der Zeitkurve aus gesehen, auf der wir uns vor allem bewegen, erscheint die Seins-Ebene als leer, als Nichts. Der denkende Geist kann da nichts sehen. Mehr noch: er fühlt sich vom Sein bedroht, denn es relativiert ihn. Steven Wolinsky hat diese Phänomene in seiner Quantenpsychologie erforscht und beschrieben. Er spricht vom „Falschen Kern" und „Falschen Selbst", die in uns Menschen entstehen als Folge davon, ganz früh in unserer Menschwerdung die Seins-Ebene als bedrohlich und vernichtend einzuschätzen und zu etikettieren.

Es gibt noch mehr Gründe, warum Menschen Suchtmittel zu sich nehmen. Ich habe hier einige meines Erachtens wesentliche herausgegriffen, die in einem Zusammenhang mit Meditation stehen dürften.

Wie hilft Meditation bei diesen Bedürfnissen?

Ruhig sitzen – einfach sein

Meditation ist eine gesellschaftlich anerkannte Form, sich ganz still zu halten, nichts mehr zu machen, nichts mehr erreichen zu wollen, einfach da zu sitzen oder zu liegen, die Augen zu schließen und nach innen zu gehen. Viele Patienten, mit denen ich arbeite, legen sich gerne hin, hören beruhigende Musik und lieben angenehme Tagträume. Sie haben es gerne, wenn sie auf eine Traumreise mitgenommen werden. Auf diese Weise kann ein Entspannungszustand ausgelöst werden, der guttut und für das Meditieren hilfreich ist. Meditieren ist nicht Tagträumen, auch wenn es oft dafür gehalten wird. Meditation kommt dem Bedürfnis nach Rückzug und Licht löschen also entgegen. Menschen, die vom Alkohol abhängig geworden sind, erlebe ich verhältnismäßig oft als bedürftig, einfach sein zu können und nichts tun zu müssen. Diese Energie hat nicht selten einen depressiven Anteil: dasitzen, vor sich hinbrüten, unerreichbar sein, verschwinden. Männer zeigen bei Konflikten oder Erschöpfung häufiger das Bedürfnis, sich in ihre Höhle zurückzuziehen, wo sie niemand sieht, um erst einmal mit sich selbst wieder klarzukommen, indem alle Gefühle und Gedanken frei nachschwingen können, ohne dass jemand darauf Einfluss oder auch nur Bezug nimmt. Ich habe selbst Meditation als Ausdruck von Rückzug erlebt. Manchmal kam ich anschließend erneuert in die Welt zurück, manchmal fühlte ich mich hinterher enger und lebloser als zuvor. Ich war einfach erstarrt und nicht mehr dazu in der Lage, mich zu bewegen angesichts von Anforderungen und Konflikten.

Wirklich helfen beim Bedürfnis nach Rückzug kann Meditation jedoch erst bei dem Punkt, der als nächster beschrieben wird, vorher bringt sie nur kurzfristige Entlastung und kann eine Fluchtbewegung sein: Passivität und Verschwinden statt Konflikte angehen.

Wirklich sein – innere Ruhe finden

Meditation kommt dem Bedürfnis nach Rückkehr in den Mutterschoß aber noch in einer ganz anderen Weise entgegen: indem sie den Zugang zum Sein auftut, in jenen Bereich von uns, in dem wir einfach sind, unversehrt, ruhig, im Frieden. Das Bedürfnis nach Abschalten des Denkers wird durch Meditation gestillt. Die (Er-) Lösung geschieht durch die Verschiebung der Aufmerksamkeit weg vom Probleme schaffenden Denken hin zu dem, was ist. Mein Körper ist immer im Hier und Jetzt, er kann nirgendwo anders sein. Wenn ich mit meiner Aufmerksamkeit mein Atmen erlebe, bin ich im Jetzt. Im Hier und Jetzt sind wir sicher und aufgehoben, fühlen uns geborgen und frei. Für das Hineinfinden in die Ebene des Seins braucht es Wachheit. Vom depressiven Vor-sich-hin-Brüten gibt es keinen direkten Weg in die Leichtigkeit des Seins. Meditation hat eine transformatorische Wirkung, die mit der Herausforderung verbunden ist aufzuwachen.

Aus diesem Grund setze ich zu Beginn von Meditationen sehr oft aktivierende Elemente ein: sich abklopfen, sich abreiben, *body percussion,* also den eigen Körper als Trommel benutzen, springen, schütteln, lachen, tanzen. Und von diesen großen, aufweckenden Bewegungen leite ich zu immer feineren und inneren Bewegungen wie dem Atmen oder der inneren Lebendigkeit über.

Das Aufatmen der Menschen, die für Momente ins Sein eintauchten, ist das große Geschenk bei dieser Arbeit. Da wird das Original erlebt, nachdem sie eigentlich suchten, als sie sich mit Alkohol in den warmen Mutterschoß zurückversetzen wollten. Während der Alkohol jedoch nach kurzen lichten Momenten des Wohler- oder Beschwingtseins den Menschen in die dunkle Kammer der Unbewusstheit bringt, setzt die Seinserfahrung der Meditation Kraft frei. Die Kraft, hellwach und entspannt ganz da sein zu können, in Frieden mit sich und der Welt.

Die Meditation hat jedoch auch ihren Preis: Sie bringt nicht nur Wachheit, sie fordert auch Wachheit. Es braucht Motivation und Entschlossenheit, über Meditation sich selbst zu helfen und ins Sein zu finden. Meditation ist ganz einfach und bedarf nur einer inneren Drehung, einer anderen Art zu schauen. Aber die Gewohnheit, auf die Angst zu starren, mit Stress zu reagieren, sich selbst nicht zu spüren, ist so stark, so eingefahren, dass es intensiver Übung bedarf, länger in dem entspannten Zustand des Seins zu bleiben. Ebenso herausfordernd ist es, in diesen Modus hineinzufinden, wenn man schon angespannt ist. Bei der Meditation muss man den Weg selbst gehen, Schritt für Schritt. Wenn man den schnellen Kick gewohnt war, ist es schon eine rechte Umstellung, auf das Einwerfen von Drogen zu verzichten und trotz Fluchtimpuls da zu bleiben, die eigene Unruhe zu spüren, an der man fast zu sterben glaubte, und immer wieder zum Atem zu gehen, ihn wirklich zu spüren und trotz tausend Gedanken nach und nach innerlich still zu werden.

Ich bin sicher, dass die Erfahrung des Seins das Original ist, nachdem wir eigentlich suchen und die Droge der Ersatz – und nicht umgekehrt.

Freiheit vom Ich – nicht denken müssen

Auf diesen Aspekt wurde schon mehrfach hingewiesen. Meditation hat in dieser Hinsicht die gleiche Wirkung wie Rauschmittel: Sie verändert den Bezug des Bewusstseins zum Denken. Die Rauschmittel drücken das logische Denken zur Seite. Dadurch kommen andere Schichten des Menschseins zutage. Man kann sich das so ähnlich vorstellen, wie wenn ein wild wuchernder und alles erdrückender Busch durch einen starken Wind zur Seite gedrückt wird und zarte Blumen, die unter ihm kaum Sonne und Nährstoffe bekommen, dadurch sichtbar werden. Nach dem Sturm schnellt der Busch wieder empor; seine Kraft ist ungebrochen, auf geheimnisvolle Art noch verstärkt. Beim Meditieren wird nichts zur Seite gedrückt, aber die Aufmerksamkeit wird verlagert. Aufmerksamkeit ist Energie, ist Licht. Dieses Licht wird dem üppig wuchernden Denken entzogen und dem im Unterholz Wachsenden geschenkt, das dadurch sichtbar und lebendiger wird. Das Denken wird relativiert. Es wird dadurch schlanker, klarer und durchlässiger. Das Denken wird dadurch nicht beeinträchtigt, es wird gezielter eingesetzt für seine unverzichtbaren Kerngeschäfte, nämlich Reflexion und Umsetzung. Nicht denken müssen ist eine ungeheure Freiheit. Es gibt auch während des Tages Momente, in denen wir nicht denken, sie fallen uns nur nicht auf, weil wir nicht auf sie achten. Unserem denkenden Geist sind sie nicht wichtig, er achtet immer auf die Inhalte, auf das, was er einordnen, zählen und vergleichen kann. Durch das Meditieren üben wir, unseren Geist still werden zu lassen und uns der anstrengungslosen Aufmerksamkeit, die unser natürlicher Zustand ist, bewusst zu werden. Das ist Befreiung im wahrsten Sinne des Wortes und sie ist sofort als solche spürbar.

Die Wirkung der inneren Stille beschreibt Herr N so: „Das Wahrnehmen wird intensiver, es verändert sich, man nimmt kleine Sachen wahr, die man vorher gar nicht bemerkt hatte. Ich habe die Bienen gesehen wie sie rumsummten, habe mich voll vergessen. Es ist eine geschärfte Aufmerksamkeit, das Gehirn kann sich erholen, runterfahren. Entspannung, Ruhe, innerer Frieden sind da. Es gibt Zeit und Raum."

Eine Patientin schreibt nach einer fünfzehnminütigen Meditation in der Gruppe auf ein Blatt, wie sie sich in diesem Moment erlebt:

sehr viel Ruhe und Gelassenheit!
viele Bilder, die einfach auftauchen
starkes Körpergefühl
Erholung
ich kann die Stille genießen
mein Zentrum ist noch immer blockiert,
aber es wird besser

Die Freiheit vom Denken ist auch die Freiheit vom Ich, denn das Ich wird durch unser Denken gebildet und mit Bedeutung aufgeladen. Setzt das Denken aus, spielt das Ich, das immer unter Mangel leidet und so leicht kränkbar ist, in diesem Moment keine Rolle. Das Ich im Sinne des „Ich Bin", das sich seines Seins gewiss ist, egal, was rundum passiert, tritt zutage. Die Bewusstseinserweiterung durch die Meditation geschieht dadurch, dass sich das Bewusstsein der Klammer des Denkens zu entziehen beginnt und sich seiner selbst bewusst wird. Das Denken ist ja der innerste kleinste Teil unseres Bewusstseins; diesen innersten Kreis überschreiten wir nun, wir transzendieren ihn und merken, dass wir mehr sind: wir werden weiter, das ist alles.

Zusammenfassung

In den verschiedenen Motivationen, sich zu berauschen, schwingt mehr oder weniger stark ein Wunsch mit: der eigenen Wirklichkeit zu entfliehen. Auch Meditation kann oberflächlich dazu benutzt werden. In Wahrheit steht Meditation der Tendenz zur Flucht direkt entgegen: „Bleib da, schau hin, wach auf!" Meditation hilft, das Übel von Sucht und Flucht an der Wurzel zu heilen, indem sie den Fluchtimpuls durchbricht und Wege öffnet, sich an das eigene Wesen wieder zu erinnern. Durch das Bewohnen der eigenen Tiefe werden innere Ruhe und das einfache Glück des Daseins spürbar, die zuvor im Drogenkonsum gesucht wurden.

Meditation als Rückfallprophylaxe

Frau I erzählt: Alkohol liege für sie einfach nicht mehr drin. Das Wichtigste ist in dieser Hinsicht für sie, aufmerksam und wachsam zu bleiben. Den Alkohol hat sie auch dazu gebraucht, um Lebendigkeit zu spüren und Intensität zu verstärken. Von daher ist es entscheidend, dass sie Lebendigkeit und Intensität ohne chemische Verstärker entdecken und vertiefen kann.

Meditation ist Schulung von Wachsamkeit. Das ist eine wichtige Rückfallprophylaxe. Suchtkranke wissen, was sie tun sollen und was nicht. Der entscheidende Punkt ist, ob die Wachheit aufgebracht wird, die Risikosituation als solche zu erkennen, den Autopilotmodus außer Kraft zu setzen und bewusst zu handeln. Notfallblätter helfen nicht, wenn man nicht nach ihnen greift, weil man im entscheidenden Moment nicht daran denkt.

Herr D erzählt: „Am Samstag ging ich durch die Stadt. Es ging mir nicht schlecht, spürte aber eine gewisse Lustlosigkeit und Gereiztheit. Zufällig kam ich an meinem Stammlokal vorbei. Ich hatte Lust auf den Wein, den ich da drinnen immer getrunken hatte. Ich dachte mir, ich schaue einfach mal hinein, ich muss ja nichts trinken, ich schaue einfach einmal. Als ich mich auf der Türschwelle zum Lokal befand, fiel mir die Übung mit dem einen bewussten Atemzug ein. Ich machte sie sogleich ohne nachzudenken. Ich sog die Luft in mich hinein und atmete langsam wieder aus. Und da kam es mir: Was mache ich da eigentlich? Mir war klar, dass ich da nicht hineingehe. Ich drehte auf der Schwelle um und ging die Straße weiter. Ich war erleichtert und auch stolz, die kritische Situation bestanden zu haben."

Was ein bewusster Atemzug bewirken kann! Je mehr bewusste Atemzüge Sie als Minimeditationen in Momenten machen, da es Ihnen gut geht, umso eher wird es Ihnen gelingen, in einem kritischen Moment von *Craving* (so bezeichnet man das heftige Verlangen Suchtkranker) oder einer anderen Art von Stress auslösenden Situation darauf zurückzugreifen.

2012 ist ein Buch des amerikanischen Suchtforschers Alan Marlatt auf Deutsch erschienen: „Achtsamkeitsbasierte Rückfallprävention bei Substanzabhängigkeit“, herausgegeben von Johannes Lindenmeyer.[8] Das Im-Moment-Bleiben, das von Patienten als besonders hilfreiche Strategie bei Craving beschrieben wird, kann mithilfe der im Buch enthaltenen Übungen systematisch trainiert werden.

3 Meditation und Psychotherapie

Die Begriffe Spiritualität, Achtsamkeit und Meditation haben vielerorts Einzug gehalten in die Psychotherapie. Ich sehe Meditation als Bereicherung und Ergänzung in der Psychotherapie an und zwar hinsichtlich der Wirkung von Meditation auf den Therapeuten bzw. die Therapeutin und zweitens in Bezug auf die Wirkung der Meditation auf Klienten bzw. Patienten. Bevor ich auf diese beiden Aspekte eingehe, ist es mir wichtig, auf folgende Frage einzugehen:

Muss man da an etwas glauben? Kommen durch die Meditation wieder Religion und Glaube durch die Hintertür in die aufgeklärte Psychotherapie, die sich als Seelenheilkunst von der Seelsorge emanzipiert hat?

Meditation ist keine Glaubenssache

Unter diesem Titel wurden in der Dezemberausgabe 2010 der Fachzeitschrift „Psychologie heute“ die Wirkungen der Meditation zusammengefasst. Eine große Anzahl an Studien und Metastudien belegt:

- Meditation erhöht die Wachheit, Klarheit und Achtsamkeit
- Menschen können schon nach kurzer Zeit des Meditierens besser mit Stress umgehen
- Meditieren verbessert das zwischenmenschliche Miteinander

Der Neurowissenschaftler Ulrich Ott fasst in seinem Buch „Meditation für Skeptiker“ die Forschungsergebnisse zusammen. Alle bisher vorliegenden Studien, in denen Meditierende mit anderen verglichen wurden, zeigen eine höhere Dichte der grauen Substanz oder eine Vergrößerung in Hirnarealen, die für folgende Gefühle, Gedanken oder Handlungen zuständig sind:[9]

- Körperwahrnehmung und Bewegungssteuerung
- Gefühlsregulation und Umlernen bei unangenehmen Erfahrungen
- Emotionale Bewertung von Situationen und Reaktionen
- Gefühle von Präsenz, Freude und Verbundenheit
- Fokussierung und Aufrechterhaltung der Aufmerksamkeit
- Atmungs- und Kreislaufregulierung

Die Übungen, die wir in diesem Buch vorschlagen, sind Experimente. Man kann sie ausprobieren und selbst die Wirkung überprüfen. Die Wirkungen werden nicht einheitlich ausfallen, weil es innere Vorgänge sind, die hier vollzogen werden und die unterschiedliche Disposition der Übenden natürlich eine Auswirkung auf die Wirkung der Übung hat. Glauben daran muss man jedoch nicht oder nur in dem allgemeinen Sinne, dass Sie sich eine Wirkung vom Meditieren erhoffen, die Sie motiviert, es zu probieren. Auch die Patienten lassen sich auf diese Weise motivieren, selbst auszuprobieren wie es ist zu meditieren. Der Großteil der Patienten, die ohne Vorkenntnisse in den Meditationskurs kommen, macht innerhalb der ersten drei bis vier Stunden eine Erfahrung mit Meditation, die sie motiviert, tiefer zu gehen. Ein weitaus kleinerer Teil der Patienten (ich schätze 10 bis 20 Prozent) findet keinen Zugang zu Meditation und innerer Stille. Die Erfahrung, einen Blick in die Werkstatt der Meditation geworfen zu haben, bewerten jedoch fast alle positiv.

Meditation als Hilfe für die Therapeuten

Meditation vertieft die eigene Tiefe und weitet die eigene Weite. Und da der Therapeut bzw. die Therapeutin die wichtigste Methode in der Arbeit mit Menschen ist, hilft die größere Tiefe und Weite dem Menschen, der Hilfe sucht.

Die Person des Therapeuten und seine Fähigkeit der Beziehungsgestaltung spielt eine wichtige Rolle in der Psychotherapie. Klaus Grawe (1943–2005), Psychotherapieforscher an der Universität Bern, führt empirische Untersuchungen an, nach deren Ergebnissen sich fünf allgemeine Wirkfaktoren der Psychotherapie identifizieren lassen, die in verschiedenen Therapieformen wirksam sind und die zu Veränderungen führen: Klärung, Bewältigung, Problemaktualisierung, Ressourcenaktivierung und die therapeutische Beziehung. Nachhaltiger als durch die Unterschiede in den therapeutischen Techniken werde die Wirksamkeit der Therapie durch die Qualität der therapeutischen Beziehung beeinflusst. Genau da hilft Meditation. Sie vertieft die Beziehung des Therapeuten zu sich selbst und dadurch seine Authentizität und Beziehungsfähigkeit. Wie? Meditation lenkt die Aufmerksamkeit der meditierenden Person auf tiefere Schichten des eigenen Wesens. Der Schwerpunkt der Aufmerksamkeit verlagert sich vom Denken zum Körper und weiter zur inneren Lebendigkeit und inneren Stille, also zur Seelendimensionen des Daseins. Meditation hilft, sich tiefer in sich selbst zu verankern. Die innere Ruhe wird bewusster erlebt und strahlt dadurch stärker aus. Die Authentizität wird gestärkt, da ein wacheres Selbstbewusstsein gefördert wird. Das Bei-sich-Sein und Sich-Spüren ist eine wichtige Voraussetzung für eine Beziehungsgestaltung, in der sich die Patientin oder der Klient wirklich wahrgenommen und ernst genommen fühlt. Meditation ist in diesem Sinne eine Methode, präsenter und damit effektiver zu sein in der Arbeit als Psychotherapeutin. Ein ganz einfaches Beispiel:

> Sie haben noch fünf Minuten Zeit, bevor die nächste Patientin an Ihre Türe klopft. Sie werfen einen Blick auf Ihre Unterlagen, vergegenwärtigen sich, was bisher geschehen ist und was Sie für diesmal im Sinne hatten. Und nun halten Sie zwei Minuten inne: Sie spüren Ihren Atem, werden sich Ihrer eigenen Verfassung bewusst, lassen Ihre Überlegungen los, sind einfach da und horchen. Sie horchen nicht auf etwas Bestimmtes, sondern auf die Geräusche, die da sind, und entleeren sich auf diese Weise. Wenn Sie nur einen Moment innerlich still sind, wird mehr Tiefe und Weite spürbar, für Sie und natürlich auch für Ihr Gegenüber. Während Sie nun Ihrem Gegenüber begegnen, behalten Sie einen Teil Ihrer Aufmerksamkeit in Ihrem Körper: Sie spüren zum Beispiel Ihren Atem oder Ihre Füße und wo Sie Kontakt mit dem Boden spüren oder wo Ihre Hand aufliegt und wie sie sich anfühlt. Sie lassen es zu, dass Momente der Stille entstehen im Gespräch und verankern sich in solchen Momenten in der inneren Stille.

Meditation ist Training, das Ihnen hilft, leicht und schnell den inneren Kontakt aufzunehmen und zu halten, während Sie arbeiten. Während Hintergedanken Ihre Präsenz schwächen und von der unmittelbaren Begegnung mit Ihrem Gegenüber abziehen, vertieft es Ihre Präsenz, wenn Sie nicht alle Aufmerksamkeit nach draußen lassen, sondern einen Teil in sich selbst behalten. Die bewusste Stille bringt Sie in Verbindung mit den beiden Quadranten, die der therapeutischen Arbeit eine spezielle Tiefe und Weite geben, nämlich den Bereichen „Ich weiß nicht, dass ich weiß" und „Ich weiß nicht, dass ich nicht weiß".

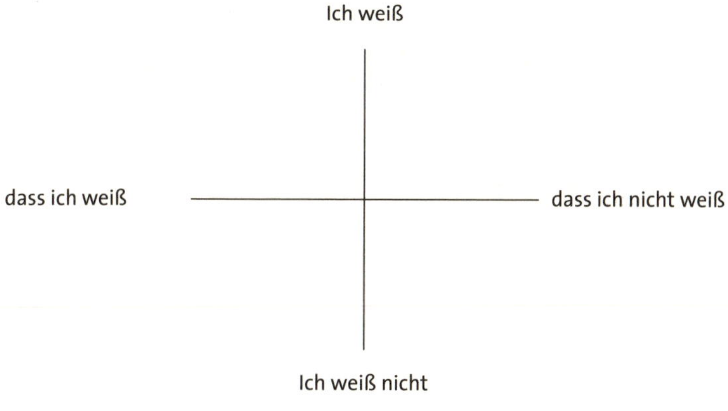

Menschen kommen zu Therapeuten, weil sie helfen können, weil sie wissen, was helfen könnte. Aber es ist ihr Kontakt mit dem viel größeren Feld des Nichtwissens, der ihre Klienten in sie vertrauen lässt. Jeder Therapeut und jede Therapeutin wird problemlos zugeben, dass er oder sie vieles nicht weiß. Noch einmal anders jedoch ist es, wenn man mit dem Nichtwissen in Fühlung ist. Carl Rogers beschreibt es so:

Wenn ich irgendwie in Berührung bin mit dem Unbekannten in mir, wenn ich vielleicht in einem leicht veränderten Bewusstseinszustand bin, dann scheint, was auch immer ich tue, voller Heilung zu sein. Dann ist einfach nur meine Präsenz erlösend und hilfreich für den Anderen. Es gibt nichts, was ich tun könnte, um diese Erfahrung zu erzwingen, aber wenn ich mich selbst entspanne und dem transzendentalen Kern in mir nahe bin, scheint in mir, dass meine Seele sich ausstreckt und die Seele des Anderen berührt. Unsere Beziehung geht über uns selbst hinaus und wird Teil von etwas Größerem. Tiefgehendes Wachstum und Energie sind gegenwärtig.

Carl Rogers[10]

Rainer Maria Rilke drückt es in seiner Art aus:

Wäre es möglich, weiter zu sehen als unser Wissen reicht, vielleicht würden wir dann unsere Traurigkeiten mit größerem Vertrauen ertragen als unsere Freuden. Denn sie sind die Augenblicke, da etwas Neues in uns eingetreten ist, etwas Unbekanntes. Unsere Gefühle verstummen in scheuer Befangenheit, alles in uns tritt zurück, es entsteht eine Stille, und das Neue, das niemand kennt, steht mitten drin und schweigt.

Rainer Maria Rilke[11]

Die Psychotherapie, das Wissen vom „Heilen der Seele“, ereignet sich in verschiedenen Dimensionen. Auch hier gilt das Prinzip der Oberfläche und Tiefe. Unterschiedliche psychotherapeutische Schulen setzen verschiedene Schwerpunkte, eröffnen Zugänge zu verschiedenen Tiefenschichten der Psyche. Da ist die oberflächennahe Schicht, die relativ gut beschreibbar ist. Vor allem in der Verhaltenstherapie wird sehr genau erforscht, welche Interventionen das Verhalten des Menschen verändern können. Das folgende Schema, das ich sinngemäß von dem Psychotherapie-Arzt und Meditationslehrer Joachim Galuska, Gründer der Heiligenfeld-Kliniken und der Heiligenfeld-Akademie, übernommen habe, zeigt die unterschiedliche Tiefe verschiedener therapeutischer Schulen, auf die sie schwerpunktmäßig ausgerichtet sind:

Psychotherapeutische Schulen	Schwerpunkt	Fokussiert auf
Verhaltenstherapeutische Orientierung	Empirische [Verhaltens-] Psychologie	Verhalten
Tiefenpsychologisch-psychodynamische Orientierung	Unbewusstes, Übertragung, Gegenübertragung	Projektionen
Humanistisch-existenzielle Orientierung	Grundlagen im Sinne der Existenzphilosophie und Humanistischen Psychologie	Menschsein
Transpersonale Orientierung	Bewusstsein	Seele

Das Wesentliche einer transpersonal orientierten Psychotherapie, meint Galuska, liegt nicht in einer bestimmten Methode oder Theorie, sondern in der therapeutischen Grundhaltung. Sie ist verankert im transpersonalen Bewusstsein, also in einer der sogenannten Seelen-Qualitäten. Das sind jene Qualitäten, die spürbar werden, wenn die Aufmerksamkeit in tiefere Schichten sinkt und sozusagen die Seele berührt. Zu diesen Seelenqualitäten gehören die innere Stille, die innere Weite, Gelöstheit, innere Leichtigkeit, Klarheit, Offenheit, Liebe, Freude. Wenn Sie in der therapeutischen Arbeit in einer dieser Qualitäten verankert sind, aktivieren Sie diese Seelenqualität bei Ihrem Gegenüber. Es geschieht also eine Art transpersonale

Gegenübertragung, die es dem Patienten ermöglicht, seine Ganzheit, seinen Seelengrund zu spüren. Dies stellt in ihm einen Raum dar, in dem schwierige Erlebnisinhalte sich zeigen und neu ordnen können.

Meditation kann helfen, der Psychotherapeutin den Zugang zu einer Dimension zu eröffnen, die sie in ihrer Berufsbezeichnung trägt: die Seele (Psyche). Das Wort „Seele" wird hier nicht als die Summe der bewussten und unbewussten Ich-Prozesse verwendet, die von der Psychologie erforscht werden; sie gehören auch zur Seele, aber die Seele wird hier weiter und tiefer verstanden als die Innenseite des Lebens, als das Bewusstsein selbst, in dem sich alle Vorgänge unseres Daseins abspielen.

Die Aktivierung dieser tieferen Schichten unseres Seins erhöht die Wirksamkeit der darüberliegenden Ebenen. Eine in der inneren Stille, also der Seelenebene verankerte Therapeutin wählt in der therapeutischen Arbeit jenes ihrer Werkzeuge aus, das ihr in diesem Augenblick das Angemessenste erscheint. Innere Ruhe und innere Weite und Offenheit macht sie klarer und deshalb treffsicherer in der Auswahl ihrer Intervention. Meditation ist in sich kein Vorentscheid für eine bestimmte therapeutische Methode. Meditation vertieft die Präsenz und öffnet dadurch Therapeut und Patient für die gemeinsame Arbeit. Therapeut und Patient erleben sich als Teilnehmende am Prozess des Wahrnehmens ohne zu werten.

Probleme, die nicht veränderbar sind, fordern Therapeuten besonders heraus, weil hier nichts zu machen ist, sondern Akzeptanz gelernt werden will. Hier hilft Meditation wahrzunehmen, was ist, und ermöglicht präsent zu bleiben angesichts des Unlösbaren. Meditation trägt zur Psychohygiene bei. Während und nach der Arbeit mit Patienten eintreten zu können in den Raum der Stille, das hilft, all die offenen Fragen und unlösbaren Konflikte, mit denen der Therapeut und die Therapeutin sich in der Begegnung mit hilfesuchenden Menschen infiziert haben, auszutragen, auszuhalten und selbst wieder Heilung zu finden in der bergenden Leere des Nichtwissens.

Meditation als Hilfe in der Therapie

Meditation kann zur Klärung beitragen, da sie hilft, Kontakt zum eigenen Empfinden und zum eigenen Körper herzustellen, ähnlich wie emotionsfokussierte Verfahren es machen. Das wirkt besonders bei Menschen, die auf der Suche sind nach „mehr“, die sich selbst finden und Kontakt zu ihrem Innern herstellen wollen:

- Die Aufmerksamkeit wird auf den Atem und den Körper gelenkt
- Der Autopilotmodus des Denkens wird dadurch phasenweise ausgeschaltet, ein bewussteres Wahrnehmen und Steuern tritt an seine Stelle
- Die eigene Befindlichkeit wird besser wahrgenommen
- Es entsteht Kontakt und Distanz zu Emotionen: Emotionen werden bewusst wahrgenommen, benannt und die Aufmerksamkeit von ihnen wieder abgezogen

- Emotionen werden erkennbar als Signale für etwas, dadurch kann ein Aha-Erlebnis entstehen, Klarheit sich einstellen
- Kontakt zu sich selbst ist da und wird erfahren.

Meditation kann aber auch zur Bewältigung beitragen zum Beispiel als Entspannung und zur Stressbewältigung. Als Methode ist sie jederzeit einsetzbar. Das wirkt besonders bei Menschen, die eine Strategie suchen um mit Stress und Gefühlen besser umgehen zu können. Meditation ist für sie eine Strategie, die ihnen konkrete Werkzeuge in die Hand gibt. Meditation kann zur Bewältigung helfen

- durch konkrete Übungen, durch deren Anwendungen es zu einer spürbaren Wirkung im Körper kommt
- durch Entspannung, die spürbar wird: Beruhigung tritt ein, was wiederum die Akzeptanz der konkreten Situation erleichtert
- durch das Eintreten in die Gegenwart: Gegenwärtigkeit ist der „Ort“, an dem wir uns sicher fühlen und Angst und Stress von uns abfallen.

In welchem Erregungszustand kann Meditation am besten wirken? Meditation ist am besten präventiv und bei niedrigem Erregungspegel einsetzbar. Umso geübter jemand im Meditieren ist, umso eher wird er oder sie auch bei erhöhtem Stresslevel darauf zurückgreifen können. Hier ist also der Faktor Übung sehr entscheidend. Der „Konditionsaufbau“ geht stufenweise vor sich:

- Stufe 1: Eine Person kann sich durch Meditation unter Anleitung in einer Gruppe entspannter erleben und innere Ruhe spüren
- Stufe 2: Die Person kann in Momenten, in denen es ihr gut geht, für sich alleine meditieren und dadurch die Entspannung und Achtsamkeit vertiefen
- Stufe 3: Die Person kann in Momenten von Missstimmung und Unwohlsein meditieren und sich dadurch helfen, ihre Bedürfnisse und Grenzen bewusster wahrzunehmen
- Stufe 4: Die Person kann sich auch bei Stress wie Angstzuständen oder Craving mittels Meditation helfen.

Durch den achtsamen, nicht wertenden Zugang zu inneren Vorgängen wächst die Fähigkeit der Selbststeuerung. Heilung ist ja im Kern immer Selbstheilung.

Meditation als Prozessbeschleuniger

Im Meditationskurs sagte Frau I, dass es ihr schwerfalle, sich auf den Atem zu konzentrieren. Sie werde dabei kurzatmig und nervös. Ich wies darauf hin, dass schmerzliche Erinnerungen wachgerufen werden können, sobald man den Atem bewusst wahrnimmt. In diesem Falle kann es hilfreich sein, die innere Lebendigkeit in den Händen als Fokus für die Meditation zu wählen. Sie nahm den Hinweis auf und berichtete eine Woche später, dass sie drei Tage nach dem Meditationskurs in einer Frauengruppe an einer Entspannungsübung teilgenommen habe. Als sie dabei auf ihren Atem achtete, fiel ihr wieder der Gedanke ein, es könnte eine traumatische Erfahrung damit verbunden sein. Und dann kamen Bilder, wie sie als Kind am Bettrand saß und unter schwerem Asthma litt. Es gab noch nicht die Medikamente, die sie heute zur Verfügung hat. Ihre Mutter konnte ihr auch nicht helfen, als sie bis zur völligen körperlichen Erschöpfung unter Atemnot litt. Plötzlich spürte sie diese Enge, die Schmerzen, die Ohnmacht und die Erschöpfung wieder und sie begann zu weinen. Dadurch löste sich der starke Schmerz in ihrem Rücken, unter dem sie seit Wochen gelitten und der sich auch durch physiotherapeutische Behandlung nicht hatte lösen lassen.

Meditation bringt Licht ins Dunkel. Licht ist Bewusstsein. Durch die Verlagerung der Aufmerksamkeit in den Körper werden auch die im Körper verankerten Erinnerungen ins Licht des Bewusstseins gehoben. Oder andersherum gesagt: Das Bewusstsein sinkt in tiefere Schichten und kehrt den Verdrängungsmechanismus um. Er-innerung wird gefördert. Was innen ist, wird ent-deckt und vom Modus „unbewusst" in den Modus „bewusst" übergeführt. Dies geschieht nach und nach mit allem, was innen ist, den Ressourcen wie mit den Schatten und Traumata. Dies geschieht bei Meditationen, wie wir sie in diesem Buch beschreiben in der Regel auf langsame Art, Schritt für Schritt, Atemzug für Atemzug.

Frau L fiel es nicht leicht, ihre Aufmerksamkeit auf ihren eigenen Körper zu lenken. Überhaupt wirkte sie eher angespannt und war schwer zugänglich. Sie blieb jedoch dran und folgte trotz innerer Widerstände immer wieder den Anleitungen der Meditation Sie befasste sich mit sich und den Bewegungen in ihrem Körper. Die Spannungen in ihr wurden dadurch größer und sie begann, darüber mit ihrer Bezugstherapeutin zu reden. Diese ging einfühlsam mit und unerwartet brach in der Frau eine alte Wunde auf. Sie hatte als Kind sexuellen Missbrauch erfahren. Diese Verletzung, die durch das Fokussieren auf den Körper heraufgeholt worden war, löste eine Krise bei ihr aus, die ihr einige Tage schwer zu schaffen machte. Danach war die Frau viel präsenter, weicher, kraftvoller. Die Meditation hatte ein Blockade ins Bewusstsein geholt und damit den Heilungsprozess beschleunigt.

Aber auch das Umgekehrte ist möglich: Bei Menschen, die schon länger meditieren, kann Meditation unbewusst zur Fixierung der eigenen Persönlichkeitsmuster eingesetzt werden. Immer gleiche Techniken können sich so einschleifen, dass sie der Kontrolle der eigenen Wahrnehmung dienen. So kann Meditation auch zur seelischen Versteinerung beitragen. Anstatt zum Beispiel wirklich zu spüren, dass man wütend ist, reguliert man sich über Meditation so weit herunter, dass man den schon länger anstehenden Konflikt weiterhin vermeiden kann. Oder man setzt sich hin zum Meditieren und vermeidet auf diese Weise Veränderung, Aktivität, Intensität, die man bräuchte, um Sauerstoff ins dahintümpelnde Leben zu bringen. Der springende Punkt ist, welcher Wunsch das Meditieren dominiert: Ist es der Wunsch aufzuwachen und klar zu sehen oder der Wunsch nach Kontrolle über das Innere? Im ersten Fall wird Meditation den Prozess der Heilung und der persönlichen Entwicklung beschleunigen, im zweiten Fall eher zur Verstärkung der vorhandenen kontrollierenden Muster beitragen.

Meditation bei strukturschwachen und strukturstarken Persönlichkeiten

Von strukturschwachen Persönlichkeiten spricht man, wenn die Ich-Struktur eines Menschen in seiner frühkindlichen Entwicklung nur schwach ausgebildet werden konnte und diese Menschen daher zu psychotischem Erleben neigen, bei dem die Grenzen zwischen dem inneren Erleben und dem, was wir als äußere Realität ansehen, schwammig werden oder sich auflösen. Die Filterfunktion des Ich geht verloren, Reizüberschwemmungen und Desorientierung sind die Folge. Beim Borderline-Typus sucht das eher schwach ausgeprägte Ich in Nähe-Vorgängen nach Halt. Dabei neigt es, da seine Struktur nicht sehr stark ist, zur Verschmelzung. Dieser Gefahr der Selbstauflösung in der Verschmelzung mit anderen sucht es durch fluchtartigen Rückzug zu entgehen. So kommt es zu einem äußerst aufreibenden Hin- und Herpendeln zwischen Nähe und Distanz. Strukturschwache Menschen brauchen strukturgebende Interventionen. Dazu eignet sich grundsätzlich auch Meditation. Bei aktiviertem psychotischem oder präpsychotischem Erleben ist Meditation kontraindiziert. Ansonsten ist Meditation mit genauem Ablauf und genauem Fokus durchaus hilfreich. Meditieren hat ja durchaus eine klösterliche Seite: ein ritualisierter, in der Grundstruktur immer gleicher Ablauf mit kleinen Varianten, an dem man sich orientieren kann, egal wie es einem gerade geht. Meditation ist wie ein kleiner gemeinsamer Ausflug nach innen. Es wird vorher festgelegt, wohin man geht und wer vorausgeht. Man geht ohne Hast, verweilt aber auch nicht lange an einzelnen schönen Plätzen. Der gleichmäßige Schritt gibt Halt und Sicherheit. Die Art des Meditierens, wie sie hier in diesem Buch beschrieben wird, geht von realer Wahrnehmung aus, nicht vom Imaginieren. Das stärkt die Ich-Struktur. Die Wahrnehmung ist jederzeit überprüfbar: Spüre ich, wie meine Bauchdecke sich hebt und senkt oder schweift meine Aufmerksamkeit irgendwo anders umher? Dann hole ich sie wieder zurück und lerne präziser wahrzunehmen, was jetzt gerade in mir vor sich geht. Die Verhaltenstherapeuten Bohus und Wolf haben in ihrem Arbeitsbuch „Interaktives Skills Training für Borderline-Patienten" die Vorgänge, die mit dem Wort Achtsamkeit zusammengefasst werden, genau beschrieben und einzelne genau strukturierte Übungen dazu entwickelt.[12]

Auf der Ebene neurotischer Konflikte ist die Ich-Struktur so stark ausgeprägt, dass sie vitale Triebe und Interessen zu unterdrücken vermag, dadurch ist der Konflikt jedoch nicht gelöst. Die unterdrückte Energie drängt in veränderter Form immer wieder an die Oberfläche, der Konflikt drängt nach Bearbeitung, nach einer Lösung. Aufdeckende Verfahren sind in diesem Fall hilfreich. Meditation bietet zuerst einmal Orientierung im inneren Spannungsfeld. Da sie langsam und schrittweise vor sich geht, ermöglicht sie ein dosiertes innerliches Sich-Öffnen: Wie spüren Sie Ihre Füße, Ihre Hände, Ihren Kopf? Wie fühlen Sie sich innerlich? Welche Gedanken gehen Ihnen durch den Kopf? Was geschieht, wenn es einmal still wird in Ihrem Kopf und Sie einfach den Atem spüren? Durch dieses Wahrnehmen kommt zunehmend

Bewusstsein in die inneren Vorgänge. In diesem Lichte werden die verschiedensten Regungen spürbar. Ein Entdecken wird gefördert: Decken werden gelüftet, darunter Verborgenes kommt ans Licht wie oben in den zwei Beispielen beschrieben. Therapeutische Arbeit ist gefragt, in denen das Auftauchende erzählt, zuglassen und auf eine neue Weise integriert werden kann.

Auf der Ebene der personalen Struktur, in der das Ich seine volle Ausprägung erreicht, hilft Meditation, den inneren Vorgängen Raum zu geben, sodass das Ich sich entwickeln und reifen kann. Wie körperliches Wachstum geschieht auch das innere Wachstum von selbst, also von einem im Innern liegenden Wachstumsimpuls aus. Ebenso wie es der körperlichen Entwicklung gut tut, sich gut zu ernähren, sich zu bewegen, sich im Spiel zu erproben, braucht auch die innere Entwicklung Anregung und Freiraum. Meditation öffnet diesen Raum, in dem die Totalidentifikation mit dem Denken gelockert und ein aufmerksamer Kontakt mit der körperlichen, emotionalen und seelischen Seite des Daseins leichter möglich wird. Vor allem der Kontakt mit der Seele wird durch Meditation gefördert. Spiritualität, verstanden als Bezug zum Transzendenten, zu tieferen, inneren Schichten des Seins, ist in allen Entwicklungsstufen des Menschseins möglich. Ist der Mensch zu einem reifen, selbstbewussten Ich herangereift, beginnt er darüber hinauszuwachsen. Es beginnt der spirituelle Prozess im engeren Sinne. Eine Person muss zuerst ein Ich entwickelt haben, bevor sie es verlieren – also im spirituellen Sinne relativieren und durchschauen – kann, weil sie dabei ist, ihr tieferes Selbst zu entdecken.

Aktivierung der Selbstheilungskräfte

Alle Heilung ist Selbstheilung: Ärzte können den gebrochenen Knochen so stabilisieren, dass er gut und richtig zusammenwachsen kann. Aber dass er zusammenwächst, können sie nicht machen: es geschieht von selbst. Die den Körper organisierende Intelligenz vollbringt die Heilung. Genauso ist es auch bei seelischen Wunden und Entwicklungskrisen: Der Impuls zum Wachsen und Heilen kommt von innen. Von außen können wir die Heilung anregen und unterstützen. Zwei Bilder helfen mir, das zu begreifen: das Bild vom Bach und das Bild von der Seele. Wenn in unserer Psyche etwas ins Stocken geraten ist, ist es, wie wenn ein Bachlauf durch Steine und Äste verstopft ist und das Wasser gestaut wird und über die Ufer tritt. Werden nun zwei oder drei zentral liegende Steine oder Äste gelöst, kann sich das Wasser wieder einen Weg bahnen und löst durch die Dynamik des Fließens die Blockade auf. Das Herauslösen von zwei, drei Steinen ist die therapeutische Intervention, das Lösen der Blockade durch den wieder in Schwung gekommenen Energiefluss ist die Selbstheilung.

Das Bild von der Seele: Heilung geschieht von innen heraus. Seele ist für mich ein anderes Wort für das Innere des Menschen. Tritt ein Mensch mit seinem Inneren in Kontakt, wird sein Inneres aktiviert, mit anderen Worten: seine Seele erwacht. Die Seele ist die Lebendigkeit des Menschen und steht für den inneren Bauplan und die Kraft des Wachsens und Heilens.

Meditation fördert den Kontakt mit dem Inneren oder der Seele. Auf diese Weise aktiviert Meditation die Selbstheilungskräfte des Menschen. Ich stelle hier etwas ausführlicher ein spirituell-therapeutisches Fallbeispiel vor, das veranschaulicht, wie Meditation Selbstheilungskräfte weckt. Das Beispiel dieser Patientin, Frau N, zeigt auch, wie ein seelischer Tiefgang die psychotherapeutische Arbeit unterstützt und umgekehrt. Bei der Patientin waren auch religiöse und spirituelle Probleme relevant.

Frau N nahm zwölfmal am Meditationskurs teil, sie durchlief also zweimal den ganzen Zyklus von sechs Abenden, zusätzlich arbeitete ich mit ihr in acht Einzelsitzungen. Die Patientin war alkoholabhängig und litt unter immer wiederkehrenden depressiven Störungen, die in der Zeit, in der ich mit ihr arbeiten konnte, auch medikamentös behandelt wurden.

Erstes Gespräch

Folgende Eindrücke und Aussagen von Frau N scheinen mir bemerkenswert: Warum bin ich da? Das ist eine echte Frage von Frau N. Für sich selbst, ohne Funktion für Kinder, Hund und andere kann sie diese Frage nicht beantworten. Frau N hat Angst vor Gefühlen, wünscht sich zugleich, dass alles zutage kommt, was sie in sich trägt, hat aber Scheu, Gefühle vor anderen zu zeigen. Ihre persönlichen Ziele für die Therapie sind: sich freier geben und zeigen können, weniger depressiv sein.

Als innere Kraftquellen nennt Frau N die Natur und Schifahren („gibt mir so viel Freiheit"). Meditiert habe sie noch nie – aus Angst, es käme zu viel hoch.

Als Kind und junge Frau hatte sie niemanden zum Reden über das, was sie wirklich bewegte. Sie bezog Kraft aus dem Glauben und aus der Mitarbeit in der Kirchengemeinde. 19-jährig verliebt sie sich in den katholischen Priester der Gemeinde. Sie führen eine Beziehung im Geheimen. Er will die Beziehung weiterführen, sie geht jedoch auf Distanz. Da behandelt er sie vor anderen schlecht, woraufhin sie alles aufgibt: „mich selbst, die Jugendarbeit, die Kirche, den Glauben". Eine Welt bricht zusammen und sie funktioniert nur noch. Sie hätte sich geschämt, mit jemandem darüber zu reden. Sie sucht einen auswärtigen Pater in einem Beichtgespräch auf, erzählt ihre Geschichte und hört von ihm, dass sie es ja gewusst hätte, dass er Priester sei, sich also nicht auf ihn hätte einlassen dürfen. Die Schuldgefühle in ihr wurden nochmals verstärkt. Erst Jahrzehnte später mit dem Psychiater und dann in einer psychiatrischen Klinik lernt sie, darüber zu sprechen und nicht mehr sich selbst als schuldig anzusehen.

Frau N möchte daran weiterarbeiten um sich „zu öffnen, zu befreien".

Meine Interventionen: Meine eigene Seelenverankerung, um selbst ganz da zu sein und ihr mit dem ganzen Wesen zuhören zu können. Wahrnehmen ihrer Totalität, ihres Wesens, ihr begegnen von Mensch zu Mensch, von Seele zu Seele, Interesse an ihr, Eröffnen eines Raumes, in dem es ihr möglich wird, da zu sein mit allem, was sie bewegt. Erfassen ihrer Anliegen, Gefühle, Ambivalenzen, Ziele. Klärung des therapeutischen Auftrags.

In der Therapieplanung wird meinem Vorschlag zugestimmt, mit Frau N in Einzeltherapie zu arbeiten. Im Zentrum der Arbeit sollte das Training stehen, mit ihren Gefühlen bzw. ihrem Nicht-Spüren in Kontakt zu sein, Bedürfnisse besser wahrnehmen und ausdrücken zu können. Es geht weniger um ein Aufrollen ihrer Geschichte; sie hat schon sehr viel Therapie gemacht. Es geht um den lebendigen Kontakt mit sich selbst.

Zweites Gespräch
Im Zentrum der Aufmerksamkeit von Frau N steht heute die schwache Motivation, der fehlende Antrieb, die Schwere und Traurigkeit und der Wunsch, sich mehr spüren zu können, ihre eigenen Bedürfnisse mehr wahrnehmen zu können.

Meine Interventionen: Wahrnehmen, was das für eine Kraft ist, die sie zum Rückzug bewegt, zum Verkriechen, Verschwinden. Diese Kraft erspüren: Was will sie? Wohin geht die Bewegung? Gleichzeitig gibt es eine andere Bewegung in ihr, die sagt: „Ich bin gesellig, ich bin gern mit Menschen zusammen." Wahrnehmen, Fragen stellen.

Im Körper fühlte sich Frau N schwer, vor allem im Bauch. Sie sah den großen Stein auf dem Fenstersims, ich gab ihn ihr in die Hände. Die Schwere in ihrem Bauch ging in den Stein, sie fühlte sich weniger schwer. Ich arbeitete mit ihr an der These, sie trage eine Last ihres Vaters oder ihrer Mutter. Ihr Vater, dem gegenüber sie sich sehr vorwurfsvoll äußerte, da er gegenüber der Mutter und den Kindern gewalttätig war und der Patientin wenig Aufmerksamkeit schenkte („ich war ein

Nichts für ihn"), hatte selbst eine schwere Kindheit durchlebt.

Lösend wirkte ein inneres Bild: Frau N hatte zuerst Schwierigkeiten, ihren Vater innerlich anzuschauen, reagierte mit viel Abwehr. Dann kamen zwei Bilder: der grobe Vater und der Vater bei ihrer Erstkommunion, der sie liebevoll anschaut. Zu diesem zweiten Bild konnte sie Kontakt aufnehmen und begann die heile Seite ihres Vaters zu spüren: „Habe gesehen, dass mein Vater im Inneren gar nicht so ein schlechter Mensch war wie gegen außen." Bei ihr löste es ein Aufatmen und Freude aus. Sie ging unbeschwerter aus dem Gespräch heraus. Den Stein legte sie aufs Fenstersims. Er gehörte doch nicht zu ihrem Vater, meinte die Patientin.

Meine Interventionen: Frau N erwartete zu Beginn, dass ich ihr helfe, indem ich sie motiviere; stattdessen trat ich mit ihr in Kontakt mit den schweren Gefühlen: Wahrnehmen ist der Schlüssel, hinbewegen, Kontakt aufnehmen, erforschen, Neugierde entwickeln, was da in ihr passiert statt verdrängen und fliehen.

Meine eigene Seelenverankerung, Ruhen im Sein, von daher im Vertrauen bleiben können, in der Offenheit, in der Klarheit, während die Patientin sich immer wieder vernebelt und verkrampft. Wahrnehmen und Hindurchgehen durch die unangenehmen Gefühle: Unter der Schwere lag Wut, darunter enttäuschte Liebe (Vater). In sich auf Liebe zu ihrem Vater zu stoßen wirkte erlösend. Frau N machte die Erfahrungen, dass unter den schweren Gefühlen Schätze verborgen waren.

Ich arbeitete mit der These, sie trage etwas für ihren Vater; das bestätigte sich nicht oder war nicht weiter relevant. Als wirkungsvoll erwies sich, dass sie mit ihren Verletzungen wie mit ihrer Liebe in Kontakt ging.

Drittes Gespräch

Die Gruppentherapie hatte unangenehme Gefühle bei Frau N ausgelöst. Der *body scan* machte ihr bewusst, dass sie die Beine praktisch nicht spürt, als gehörte dieser untere Teil des Körpers nicht zu ihr. Das machte sie wütend und hilflos. Im Einzelgespräch half ich ihr zu akzeptieren, dass sie da unten nichts spürte, und wahrzunehmen, was das Nicht-Spüren der Beine in ihr auslöst. Plötzlich wurde Frau N bewusst, dass der sexuelle Missbrauch, den sie als 10-Jährige durch einen Knecht erfahren hatte (auf dem Bauernhof, wo sie mehrere Sommer in den Ferien war), damit zu tun hatte: sich nicht spüren, sich schützen wollen, sich schmutzig/schuldig fühlen im Körper. Wir arbeiteten daran, um den Gedanken, auch noch daran schuld zu sein, bewusst zu machen und aufzulösen. Und wir arbeiteten direkt mit dem Wahrnehmen der Gefühle im Körper daran (Enge im Kehlkopf, Übelkeit im Magen zum Erbrechen). Es lockerte sich durch die Zuwendung, die sich die Patientin mit ihren eigenen Händen gab. Die Wärme und Aufmerksamkeit halfen ihr, sie konnte sie sich mit meiner Unterstützung selbst geben, zumindest ansatzweise.

Zum Abschluss bringe ich Frau N auf die Idee, ihre geistige Helferin, die Gottesmutter Maria, die einzige, der sie noch vertraut, zu fragen, was es noch braucht, damit die uralte Wunde heilen kann.

Meine Interventionen: Wahrnehmen, wahrnehmen, wahrnehmen, da sein in der Taubheit, dann im Schmerz. Respekt und Nähe verkörpern, damit die Scham sich zeigen und überwunden werden kann. Mit dem gesunden Teil in ihr verbunden bleiben. Ihr helfen, sich wahrzunehmen, sich anzunehmen auch mit den Wunden. Die Patientin in Beziehung bringen mit ihrem eigenen inneren Geheimnis, mit ihrem ganz persönlichen Zugang zur göttlichen Kraft (Gottesmutter Maria). Der Patientin Informationen geben, dass sie nicht schuld ist an dem Missbrauch.

Viertes Gespräch
Frau N hat mit sich selbst weitergearbeitet. Am Freitag kam ihr in einer Gruppe ein forsches Nein der Therapeutin gegenüber heraus, über das sie selbst erschrak: Die Entdeckung des Neins, das nie sein durfte, das Sich-Spüren in der Abgrenzung. Am Wochenende blieb sie in der Klinik, überwand ihre Angst, allein im Dunkeln übers Areal zu gehen, was sie sich zuvor nie gewagt hätte. Sie ging allein ins Atelier, blieb mehr als zwei Stunden, malte ihre Gefühle im Zusammenhang mit dem Missbrauch, den sie als 10-Jährige erfuhr, malte viel Dunkles und zum Schluss helle Farben. Ihr wurde bewusst, dass sie daheim gelernt hatte, nicht Nein zu sagen. Und sie kam jetzt zu der Einsicht: „Ich darf Nein sagen. Wenn ich das damals hätte können, wäre es nicht passiert."

Kernthemen, die Frau N jetzt für sich entdeckt: Ich darf Nein sagen, es kommt aus mir heraus, ich bin stark.

Ich kann meine Angst überwinden, durch sie hindurch gehen. Ich kann meine Bedürfnisse wahrnehmen.

Frau N wirkt schöner, leichter, klarer, ein Gewicht ist von ihr abgefallen, eine Dumpfheit von ihr gewichen – wunderbar! Meine Interventionen: Zuhören, dem Neuen, das aus ihr hervorbricht, Raum geben, ihr helfen, sich Raum zu geben, sodass sie das Neue gebären kann: Ich spüre mich, ich stehe zu mir und meinen Grenzen, ich sorge für mich.

Fünftes Gespräch
Frau N berichtet von einer Schwere und Müdigkeit. Am Samstag konnte sie durch das Hinausgehen mit dem Hund diese Schwere und Gefühle von Einsamkeit, die zum Trinken eingeladen hatten, überwinden; der Ärger über den Hund half ihr auch noch, sich wieder zu spüren. Heute gingen wir in die Müdigkeit hinein, erkundeten sie. Unter ihr lag ein Schmerz: die Krankheit einer nahen Verwandten. Darunter lag eine Trauer: der Tod eines anderen nahen Verwandten. Darunter lag eine Leere. Unter der Leere eine Wut. Unter der Wut die Frage: Warum? Eine Frage, die sie sich nicht zu stellen getraute. Warum musste dieser Mensch, der für mich wichtig war, leiden und sterben? Warum ist meine Schwägerin so krank? Die Frage richtet sich an den Ursprung des Lebens; aber sie darf nicht gestellt werden. Dann entschied sich Frau N doch, diese Frage an Gott zu richten und in einen Dialog einzutreten.

Frau N war am Ende der Stunde nicht mehr müde und wieder klarer da. Wir reflektierten auch, warum sie Tränen vor anderen immer zu unterdrücken sucht. Auch das ist früh gelernt. Heute aber will sie lebendiger sein: lachen und weinen, wütig sein und still, eben alles, was Menschsein bedeutet.

Meine Interventionen: Raum geben, in dem sich die Patientin in ihrer aktuellen Verfassung Schicht um Schicht tiefer wahrnehmen kann. Als Therapeut im Kontakt mit der eigenen Seele sein, was es ihr leichter macht, mit ihrer Seele mehr in Kontakt zu treten.

Sechstes Gespräch

Frau N äußert das bedrückende Gefühl, dass es mit ihrer Stimmung bergab gehe und dass die nahenden Weihnachtsfesttage daran mitschuld sein könnten. Ich erarbeite mit ihr zuerst, was ihr Wunsch ist und was gerade trägt (Ressourcen). Wunsch: Gefühle mögen nicht auf und ab gehen, mögen konstant sein, ein „gerades Tal"; wir lachen herzhaft über die gerade Kurve.

Was trägt und was hat sie in der Therapie schon gewonnen/entwickelt? Sie kann besser reden, besser in sich hineinschauen, das Leben ist abwechslungsreicher.

Ich bestärke sie in der gewonnenen Bewusstheit: Sie nimmt das Auf und Ab ihrer Emotionen wahr, ist nicht mehr ganz mit ihnen identifiziert, nimmt jetzt Veränderung wahr, äußert sie. Ich helfe ihr, das Auf und Ab der Emotionen positiver zu bewerten, es als normal anzusehen.

Ich gewinne sie dafür, die Gefühle, die mit der Weihnachtszeit verknüpft sind, zu erkunden, also hindurchzugehen statt sie zu meiden. Ich mache mit ihr eine Achtsamkeitsübung zum Einstieg, die uns dann aber gleich weiterführt. Und zwar nimmt Frau N eine Sperre im Nabelbereich wahr, durch die hindurch nur ganz wenig Atem weiter nach unten fließen kann. Durch das Wahrnehmen dieser Sperre (Unterstützung durch ihre Hände, die sie dorthin legt), löst sie sich weitgehend. Nun nimmt sie den Atem deutlicher wahr und merkt, dass er mal so, mal so geht. Es wird deutlich, dass sie den Atem beeinflusst, dass sie *richtig* atmen will. Ich schlage ihr vor, alles Steuern wegzulassen und das Atmen ganz ihrem Körper zu überlassen. Da atmet sie freier, aber nur kurz. Dann kommen ihr Gedanken in den Kopf, die sie weghaben will, die sie auf meine Intervention hin jedoch hörbar macht: Sie solle es richtig machen, besser machen, lockerer atmen (ein wunderbarer Widerspruch). Sie gibt dann dieser Stimme, die ein ganz häufiger Begleiter in ihrem Leben ist, den Namen Hans. Sie wird Hans gut wahrnehmen, wann immer er auftaucht, um ihn genau kennenzulernen: wie er funktioniert, was er will, wie er sich auswirkt. Ich erkläre ihr, dass sie ihn nicht einfach wegschicken kann, weil es ein Energieanteil von ihr selbst ist, ein Teil ihrer eigenen Kraft.

Zum Abschied sage ich ihr, dass sie die heilige Zeit selbst bestehen werde, da uns die Arbeit an einen anderen Punkt geführt hat.

Meine Interventionen: Gemeinsames Erkunden ihrer Gefühle, Wahrnehmen der verschiedenen Ebenen: Was liegt darunter? Bewusstmachung von Verhaltensmustern wie: „es richtig machen wollen“. Selbst verankert sein in der eigenen Tiefe, damit sich ein Raum auftut, in dem sich alles zeigen kann, was heute ans Licht will.

Siebtes Gespräch
Frau N beginnt das Gespräch mit der Information, dass sie ihr Haus verkaufen werde und sich eine Wohnung suche, die ihr jetzt entspricht und die sie gestalten wird. Sie habe diesen Entscheid gestern ihren Kindern kommuniziert, die sich heute bereits wieder meldeten, um sie davon abzuhalten. „Ich beginne ein neues Leben, gehe meinen Weg und erfülle nicht mehr die Bedürfnisse anderer." Was sie dazu brauche? Kraft und Durchhaltevermögen.

Durchhaltevermögen kommt aus dem Kontakt mit den eigentlichen Motiven dieser Entscheidung: „Ich fühle mich in dem Haus nicht mehr wohl, es trägt die Handschrift meines verstorbenen Mannes, es war sein Traumhaus, seine Idee: Ich stimmte ihm zu. Er hat die Einrichtung weitgehend bestimmt; sie gefällt/entspricht mir nicht." In diesem Zusammenhang kommt die Beziehung zu ihrem Mann in den Blick. Er war in sie verliebt; sie erlebte ihn mehr als Freund, als Bruder. Sie wusste das auch bei der Hochzeit: „Soll wenigstens er glücklich werden!" Für Frau N ist es ein Vernunftentscheid: Sie will ihn als Freund nicht verlieren, sie hatten so viel miteinander gemacht. Er hat sie nicht tyrannisiert, aber sie hat viele Kompromisse gemacht, damit er glücklich sei. Das Haus ist auch aus so einem Kompromiss gekauft worden und steht nun für die Beziehung mit ihrem Mann, von dem sie sich jetzt löst: „Das ist Vergangenheit, nun führe ich mein Leben." Ausdruck dafür ist ein neues Zuhause. Das Motiv ist: „Ich gestalte mein Leben nach meinen Bedürfnissen, nicht nach denen meiner Kinder, die das Haus als Hotel Mama nutzen, als Partylokal, als Depot für Bücher und Schier, als Pfand für ihre Hypothek brauchen möchten.“

Kraft kommt aus dem Innern. „Ich habe innerlich aufgetan; es geht etwas auf. Ich bin g'spürig geworden, kann etwas zulassen. Ich spüre eine innere Verbindung zum Herrgott.“

Die wuchtige Enttäuschung als junge Frau mit dem Priester hat ihr den Zugang zur Spiritualität wie zum Eros verschüttet. Nun kann sie sich wieder öffnen, sich wieder spüren, findet zu sich und ihrer inneren Verbindung zum Leben selbst („Herrgott“). Geholfen dazu hat ihr Meditation: Wahrnehmen des Atems, da kamen die negativen Gedanken, das war zuerst sehr schwierig. Dann wurde es weich in ihr: „Ich komme zu mir – das wollte ich vorher nicht mehr.“ Die Kirche braucht und will sie dazu nicht mehr. Nun kann sie Kirche und ihren persönlichen Zugang zur Liebeskraft und zur Seele, zum Leben, zu Gott von einander unterscheiden. Vorher war ihr inneres Geheimnis und die Enttäuschung mit der Kirche vermischt und dadurch ihr Inneres, ihre Tiefe nicht zugänglich.

Abschlussgespräch

Frau N erzählt, dass sie geschockt war, als ein Mitpatient am Schluss der letzten Gruppentherapie mitteilte, dass er katholischer Priester sei. Aber schon am Abend desselben Tages war es für sie kein Problem mehr, ihm zu begegnen. Sie konnte diese Person und ihre persönliche Geschichte auseinanderhalten, merkte daran, dass die tiefe Wunde der 19-Jährigen (Enttäuschung, Schuldgefühle) nun vernarbt ist und nicht mehr blutet.

Frau N fasst zusammen: „Ich habe mich noch nie so gespürt in meinem Leben wie jetzt. Ich bin viel lebendiger geworden. Jetzt bin ich froh, zu sein, da zu sein, zu leben. Die Schicht, die ich da (sie hält die Hände in Magenhöhe mit den Handflächen nach unten) zugemauert habe, ist aufgebrochen; ich kann tief atmen. Mit 19 hatte ich aufgehört, leben zu wollen, errichtete die Mauer aus Enttäuschung und Schuldgefühlen. Jetzt fühle ich mich freier, habe zu mir gefunden, spüre, was ich brauche und will, bin empfänglicher für andere."

Was ihr dazu geholfen hat, die Mauer zu durchbrechen? Das Wahrnehmen des Atems, ihrer Gefühle, ihres Körpers, die Atmosphäre im Einzelgespräch und in der Gruppentherapie: gesammelte, liebevolle Aufmerksamkeit, Ruhe, einfach sein können, kein Druck, Präsenz. Infolge dieser Erfahrung hat sie sich langsam aufgetan, ist weicher geworden. In ihren eigenen Worten: „die Atmosphäre, die mir half, innezluege (hineinzuschauen, hineinzuspüren) in mich".

Die Beständigkeit meiner Arbeit mit ihr, sie an ihre Gefühle heran und durch sie hindurch zu führen (zum Beispiel wie sie ihre Beine nicht spüren konnte), das Entdecken der Befreiung, Nein sagen zu können, der Kontakt mit ihrem Innern, ihrer Tiefe

Frau N sieht man ihre Erleichterung und Befreiung an. Die Lebendigkeit ist in der Begegnung spürbar. Es war viel Geduld und Liebe vonnöten, damit sie ihre Versteinerung berühren und wahrnehmen konnte. Es war wunderschön mitzuerleben, wie das Leben aus ihr heraussprudelte, sobald zwei, drei Steine gelöst waren.

Zwei Monate später

Zwei Monate später kam Frau N wieder in die Klinik. Die Probleme mit dem Alkohol hatten langsam wieder zugenommen und drohten aus dem Ruder zu laufen. Sie blieb fünf Wochen und suchte in dieser Zeit zweimal das Gespräch mit mir.

Frau N erzählt von der Scham, die noch da ist, und von der Notwendigkeit, „zu sich zu finden“. Um diesen Satz herum zeichne ich ein großes Herz. Was braucht dieses Herz, um sich wieder ausdehnen, weich werden, zu seinem Rhythmus und ins Selbstvertrauen finden zu können?

Anerkennung: Trotz der Scham und dem, was sie als Versagen empfindet, hat sie sich wieder hier gemeldet! Fallen gehört zum Menschsein – einfach wieder aufstehen. Genau das hat sie gemacht.

Aufmerksamkeit: Ich mache mit ihr eine Übung, bei der sie ihre Hände dorthin legt, wo sie ihre innere Sonne vermutet (die sie beim letzten Aufenthalt so deutlich und befreiend gespürt hat). Frau N spürt den Atem (den hat sie seit dem ersten Aufenthalt hier immer gespürt) und sie spürt Schwere, die dann leicht wird: etwas ist verklebt. Durch das Hinlenken der sanften Aufmerksamkeit löst sich das Verklebte etwas und ihr wird wohler zumute.

Andere Menschen, die ihr helfen, immer wieder zu dieser Aufmerksamkeit durchzustoßen. Ich gebe ihr Adressen von zwei Meditationsgruppen in ihrer Nähe.

Zweites Abschlussgespräch
Frau N kommt sehr ruhig und freudig ins Gespräch. Sie hatte wichtige Entscheidungen getroffen wie zum Beispiel, an einen anderen Ort zu ziehen. Sie freut sich. Nun setzt sie ihren Entscheid, aus ihrem Haus auszuziehen, wirklich um. „Ich musste noch einmal hierher kommen, denn hier hatte ich in der Bezugstherapeutin jemanden, mit der ich reden und mich beraten konnte. Entscheiden musste ich ja ohnehin selber."

Frau N hat den Zugang zu sich selbst, zu ihrem Inneren, wiedergefunden. Die Intervention beim letzten Gespräch, die das Verklebte löste, war sehr wichtig für sie: „Jetzt kann ich wieder ins Innere inneluege (hineinschauen)."

„Wie kann ich diese Kraft behalten?", fragt sie. Sie lässt sich wohl nicht behalten, wende ich ein, Frau N kann sie immer wieder neu finden. Wie? Wir sammeln Elemente, die ihr dabei helfen, mit ihrem Inneren Kontakt aufzunehmen: Atem spüren: diese Verankerung sitzt, mit dem Hund in den Wald gehen, kraftvolle Symbole an einem schönen Platz in der Wohnung haben (sie spricht von einer Muttergottesstatue), täglich üben: Atem wahrnehmen, Dankbarkeit aufsteigen lassen für alles Gelungene, in sich hineinspüren, Meditationsgruppe: sie wird montags von 8.30 Uhr bis 9.30 Uhr gehen. Diesen Vorschlag fügte ich an: Und wenn's dennoch nicht geht, jemanden aufsuchen, dessen Präsenz ihr hilft, wieder mit ihrem Inneren in Kontakt zu kommen.

In der Begegnung merkt man, dass sie sich gut spürt, da ist. Die Übung war ein wichtiger Mosaikstein. Sie brauchte wohl meine Präsenz, um das Verklebte, das ihr den Zugang zu ihrem Inneren verstellte, wirklich zu spüren, in es hineinzugehen mit ihrer Aufmerksamkeit, nicht davor zurückzuweichen. Alles andere machte sie selbst.

4 Meditation und Körper, Grenzerfahrungen und Krankheit

> *Eine Grenze (Lehnwort, abgeleitet vom gleichbedeutenden altpolnischen Wort granica) ist der Rand eines Raumes und damit ein Trennwert, eine Trennlinie oder -fläche.*
> *(Wikipedia)*

Den Körper innerlich spüren

Der Raum, um den es hier geht, ist unser körperliches Ich. Diesen Raum kennen wir oft gar nicht so genau. Er ist einfach da, selbstverständlich, ohne dass wir etwas tun müssten. Jedenfalls solange wir gesund sind. Der Körper ist, solange er seine Funktionen reibungslos erfüllt, für viele kein Thema, mit dem sie sich innerlich befassen. *Äußerlich* setzen wir uns mit ihm auseinander: Die Ästhetik des Körpers ist für viele wichtig, dafür tun wir einiges. Das *innere* Spüren des Körpers dagegen spielt meist eine viel kleinere Rolle. Wir nehmen ihn erst wahr, wenn er sich uns aufdrängt. So merken wir rasch, wenn irgendein Teil des Körpers schmerzt oder nicht richtig funktioniert. Wir können den Schmerz lokalisieren, wir kennen das Gefühl im Rachen, wenn sich eine Erkältung ankündigt. Aber wie fühlt es sich eigentlich an, wenn wir gesund sind? Könnten Sie das Gefühl, die Stimmung, das Befinden beschreiben für die Regionen Ihres Körpers, in denen Sie sich ganz gesund fühlen?

Sie können das selber überprüfen. Sie legen sich dazu bequem hin. Sie richten Ihre Aufmerksamkeit zuerst auf Ihren Atem, spüren einfach, wie er (von selber) kommt und geht. Dann richten Sie Ihre Aufmerksamkeit auf Ihren Körper, auf die Regionen, in denen Sie sich gesund fühlen. Stellen Sie sich jetzt die Frage, wie Sie feststellen können, ob Sie (dort) gesund sind. Sie werden bestimmte Dinge wahrnehmen, vielleicht eine Wärme, ein Kribbeln, ein Ziehen … Es wird sich irgendwie gut, angenehm … anfühlen. Dabei werden diese Empfindungen nach einiger Zeit stärker oder schwächer werden, nach längerer Zeit verändern sie sich vielleicht ganz. Wie würden Sie nun jemandem erklären, was Gesundheit ist? Es ist wohl kaum zu definieren, aber wir könnten von unseren inneren Erfahrungen berichten, wir könnten auch ein Gedicht schreiben oder ein Bild malen, das unsere Empfindungen zum Ausdruck bringt. Es braucht eine besondere Art der Aufmerksamkeit, um uns innerlich körperlich wahrzunehmen, eine Zeit der Stille, der Sammlung, eine freischwebende Wachheit und ein offenes Interesse. Wenn wir es tun, ist es, als ob wir in einen Ozean eintauchen und eine faszinierende Vielfalt von Stimmungen, Empfindungen und Geheimnissen entdecken.

Die Grenzen des Körpers

Die kleine Übung hat vielleicht aufgezeigt, dass uns vieles, was sich in unserem Körper abspielt, dass uns viele Bereiche unseres Körpers gar nicht bewusst sind. Es gibt neben den äußeren Grenzen unseres körperlichen Ichs (den Hautgrenzen und weiter außen liegende Grenzen, die wir spüren, wenn uns jemand zu nahe kommt) auch Grenzen *innerhalb* unseres körperlichen Ichs: zwischen uns bekanntem und uns unbekanntem Gebiet. Unser eigener Körper selbst ist eine Welt mit Gebieten, in denen wir uns oft bewusst bewegen, in denen wir uns zu Hause fühlen, und einer Wildnis, in die wir (mit unserem Bewusstsein) noch kaum einen Fuß gesetzt haben.

Manchmal gehen wir *willentlich*, beispielsweise in einer körperlichen Anstrengung, bis an unsere bisherigen Grenzen oder über sie hinaus. Wir spüren, wie das Blut durch unseren Organismus pulsiert, wie Hormone uns in rauschähnliche Zustände versetzen. Wir machen neue, beglückende oder befremdende Erfahrungen. Wir nehmen Teile unseres Körpers oder uns selbst in unserer Körperlichkeit ganz neu wahr. Oder wir werden über unsere Grenzen *gestoßen*, wenn beispielsweise eine schwere Krankheit uns den Körper ganz neu erleben lässt. In diesen beiden Situationen erfordert der Körper eine große *Aufmerksamkeit*. Wir erleben ihn intensiver als bisher, ja vielleicht sogar als bedrohlich.

Diese *Aufmerksamkeit* verbindet in gewisser Weise die Praxis der Meditation mit der Situation der Krankheit. Die Aufmerksamkeit hat natürlich in beiden Fällen *verschiedene Ursachen*, und sie fühlt sich unterschiedlich an: gewollt im ersten, bewusst und erzwungen im zweiten Fall. Mit einer bewussten Absicht verbunden im ersten, willkürlich und bedrohlich im zweiten Fall. Während wir durch meditative Übungen danach suchen, uns an unseren Körper nicht nur im Übungsraum, sondern im Alltag immer wieder zu „erinnern", hoffen wir im Spital darauf, der medizinisch gebündelten Aufmerksamkeit auf den Körper zu entkommen und ihn als Gesunde auch wieder „vergessen" zu dürfen.

Aber es gibt auch *Gemeinsamkeiten*: In der Krankheit wie in der Meditation spüren wir ganz elementar, dass wir keine Kontrolle über unser Leben haben, sondern abhängig sind davon, dass sich Tausende von Vorgängen in unserem Körper abspielen, ohne dass wir sie bewusst wahrnehmen, geschweige denn steuern könnten. Wir nehmen weiter intensiv wahr, wie sich unsere Stimmungen, Hoffnungen und Gedanken zusammen mit den Prozessen im Körper verändern, wie unser Ich untrennbar mit unserem Körper verbunden ist. Wir lernen Grenzen unseres Körpers kennen, die uns aufzeigen, dass wir endliche Wesen sind. Und wir entdecken den Körper selbst als Grenze zu Dimensionen, die uns noch unbekannt sind.

In der Krankheit wie in der Meditation sind wir intensiv mit der körperlichen Verfasstheit unserer Existenz konfrontiert. *Wie gestalten wir diesen Kontakt zum Körper?* In der Krankheit reagieren viele so, dass sie sich dem Kontakt, der inneren Wahrnehmung des Körpers entziehen bzw. entziehen wollen, dass sie die innerlichen Signale und Prozesse gar nicht (mehr) bewusst wahrnehmen. Vielleicht hat es damit zu tun, dass sie etwas Feindliches, Bedrohliches in ihrem Körper erkennen, das sie mit Medikamenten bekämpfen. Vielleicht sind sie irgendwie enttäuscht, verletzt, dass sich ihr Körper gegen sie zu wenden scheint. Vielleicht übernehmen sie den medizinischen Blick von außen und der Fokus auf die Entwicklung ihrer Blutwerte verdrängt alles andere. Vielleicht haben sie aber auch einfach keine Übung darin, sich im Körper wahrzunehmen. Oft bezahlt man für dieses Entziehen einen Preis: Man verliert eine wichtige Quelle des inneren Vertrauens, man fühlt sich selber noch stärker abhängig von äußeren Faktoren und Substanzen, man gibt eine Möglichkeit des persönlichen Handelns aus der Hand.

Was meinen wir, wenn wir vom „Körper“ sprechen?

Im Hintergrund der bisherigen Ausführungen steht ein *bestimmtes Verständnis vom Körper*. Üblicherweise (nicht nur im Krankenhaus) wird der Körper als etwas verstanden, das *neben* dem „Ich“ existiert. Nach diesem Verständnis *hat* der Mensch einen Körper, er beachtet ihn (oder nicht), trainiert ihn, verletzt ihn, heilt ihn … Der Körper ist so etwas wie eine „medizinische Maschine“, die mehr oder weniger gut aussieht, die man fit halten muss, die krank oder gesund ist. Viele Alltagssätze implizieren dieses Verständnis, und es ist uns ganz geläufig.

In der Meditation verstehen wir unter dem „Körper“ nicht eine Maschine in naturwissenschaftlicher Außenbeschreibung, sondern das, was als Körper erlebt und empfunden, von innen gefühlt wird. Sobald wir unsere Körperlichkeit bewusst in unsere Wahrnehmung integrieren, merken wir, wie stark unser Denken und Fühlen, unsere Stimmung, unsere Hoffnungen oder unsere Niedergeschlagenheit von unserem Körper abhängen. Es werden ganz andere Gedanken in uns entstehen, je nachdem, ob wir gesund sind und beispielsweise auf einer Wanderung auf einer Bergspitze einen Sonnenuntergang betrachten und dazu unser Sandwich verzehren – oder ob wir krank sind, Schmerzen spüren, müde sind und ohne Appetit das Abendessen vorgesetzt bekommen. Unser Körper ist bei unserem Denken immer schon „dabei", er bestimmt es mit, ohne dass wir das verhindern könnten. Das Ich, das beispielsweise denkt und beobachtet, ist nicht vom Körper getrennt und kann nicht unabhängig vom Körper einen Kontakt zu ihm aufbauen, über ihn nachdenken usw. Das Ich ist nicht als eigenständiges, unabhängiges Etwas im Körper drin, sondern es ist selbst *Teil*, eine Dimension des Körpers, untrennbar mit ihm verbunden.

Der Körper bestimmt das Denken aber nicht nur mit, er ist zugleich ein Ort unserer inneren Kraft, einer Weisheit über unsere gegenwärtige Situation. Wenn wir beispielsweise in einen Raum eintreten, nehmen wir oft unwillkürlich eine bestimmte Stimmung wahr. Es ist uns wohl oder unwohl in diesem Raum und wir können vielleicht noch gar nicht genau sagen, warum. Ein oft zunächst diffuses Gefühl in unserem Körper gibt Auskunft über unser Befinden in diesem Raum. Im Körper hat sich schon, bevor wir das rational ganz nachvollziehen können, ein bestimmtes Gefühl eingestellt. Wenn andere Menschen in diesen Raum kommen, wird sich unser körperliches Gefühl wieder ändern. Vielleicht kommt jemand, den wir besonders mögen – und wir spüren ein Kribbeln in der Magengegend oder es kommt jemand, den wir nicht ausstehen können – und der Magen zieht sich zusammen. Der Körper kennt die Situation und er beeinflusst unsere Befindlichkeit, oft ohne unser bewusstes Wissen.

Ein Beispiel von Johannes Wiltschko, einem Focusing-Lehrer aus Österreich: Jemand ist kurz davor, sich zu erkälten. Er spürt ein „kratziges" Gefühl im Hals. Er bemerkt es nicht nur, er begrüßt es und heißt es willkommen (wie eine andere Person, die er noch nicht gut kennt): „Hallo, kratziges Gefühl, darf ich mich ein bisschen zu dir setzen?" Er nimmt sich eine Minute Zeit (eine ganze, lange Minute) und ist mit diesem komischen Gefühl im Hals. Er möchte mit ihm nichts machen, es nicht explorieren, es nicht interpretieren, es nicht bewerten, es nicht verbalisieren. Dieses achtsame und absichtslose Verweilen erlaubt dem kratzigen Gefühl (und ihm selbst), Platz zu haben und da zu sein. Dieses Miteinander-Dasein verändert das, was soeben war. Nicht, weil er etwas Gutes oder Kluges oder Therapeutisches gemacht hat, sondern weil er lebt, weil es lebt, weil beide in Beziehung leben. Er interessiert sich für es (für das kratzige Gefühl), und es bewegt sich, verändert sich, lebt. Dieses Verweilen, dieses absichtslose Achtsamsein, dieses Mit-Sein impliziert Schritte, Veränderungsschritte, Heilungsschritte. Sie ereignen sich und könnten, in Worte übersetzt, vielleicht so klingen: Das kratzige Gefühl: „Mir ist alles zu viel. Ich mache mich zu. Ich schnüre mich ein. Ich schwelle an. Ich hab' keine Lust mehr. Mir reicht's." Vielleicht hört er es diese Worte sagen, vielleicht spürt er es „nur": Es atmet durch, es verschnauft, es beruhigt sich, der Rachen öffnet sich, es wird warm – das Kratzen ist verschwunden.

Statt unseren Körper nur von außen zu betrachten und zu behandeln, können wir ihn auch *von innen fühlen*. Wir können bei körperlichen Phänomenen verweilen und werden dabei nicht nur den Körper besser kennenlernen, sondern auch die Situation, in der wir uns befinden, uns selbst. In der Meditation und im bewussten Hinspüren auf unseren Körper können wir mehr über unsere Befindlichkeit erfahren und wir können zugleich entdecken, was uns jetzt gut tun könnte. Bildlich gesprochen, könnten wir sagen: der Körper spricht zu uns. Er vermittelt uns zunächst ein noch diffuses Gefühl, bei dem wir verweilen können. Beim Verweilen entsteht etwas: ein neues Gefühl, ein Bild, ein Ton. Und wir können wiederum bei dem verweilen, was da entsteht. So kommen wir in einen „Dialog" mit unserem Körper: Wir verweilen bei dem, was entsteht, und unser Körper wird wiederum „antworten", indem er sich beispielsweise löst.

5 Meditation und Mystik

Im Gespräch mit Jesus

Wenn Jesus vom ewigen Leben spricht, meint er wohl nicht die Verlängerung der Zeitkurve ins Unendliche. So habe ich mir lange die Ewigkeit vorgestellt. Ewigkeit in diesem Sinne war weder vorstellbar noch wirklich attraktiv. Heute ist für mich klar, dass damit die Dimension des Jetzt gemeint ist. So ist die Aussage Jesu im Johannesevangelium Kapitel 6 Vers 47 verständlich: „Wer glaubt, hat das ewige Leben." Das ist keine Zusage, dass dieser Mensch nie sterben werde; es ist ein Hinweis, dass wir jederzeit in die Dimension der Gegenwart eintreten können. „Die Tür zum ewigen Leben ist schmal und nur wenige gehen hindurch." Die Gegenwart ist auf der Zeitkurve ein Moment ohne Ausdehnung, eine winzige Tür. Wer hindurch geht, ist im ewigen Leben, ist im Reich Gottes. Meiner Ansicht nach ist die Rede Jesu vom Reich Gottes, um das sich in seiner Botschaft alles dreht, ein Hinweis auf die Ebene des Seins. Das Reich Gottes ist in der Nähe, es ist in allen Nähe-Vorgängen. Auf der Zeitkurve erleben wir uns als getrennt von Gott und von den anderen. Trennung und Mangel sind vorherrschende Gefühl auf der Zeitkurve. In der Seins-Ebene gibt es keine Trennung: Ich bin in meinem Ursprung angekommen, ich bin daheim in mir selbst. Ich bin und die anderen und alles andere ebenso. In der Seins-Ebene erfahre ich mich ohne Mangel, ohne Sünde als Teil eines großen Ganzen.

„Wer von euch kann mit all seiner Sorge sein Leben auch nur um eine kleine Zeitspanne verlängern?“ Die Aussagen Jesu, die in Matthäus 6,25 bis 34 wiedergegeben werden, finde ich so ursprünglich und kraftvoll. „Betrachtet die Lilien auf dem Feld, betrachtet die Vögel des Himmels“ – sie sind aufgehoben im Sein. Diese Aussagen entstammen keiner romantisierenden quasi Natur-Religion. Sie stammen von Jesus, der tief im Sein verwurzelt ist und aus ihm spricht. „Sucht zuerst das Reich Gottes, alles andere wird euch dazugegeben werden.“ Darauf läuft die ganze Rede hinaus, das ist ihre Quintessenz: Entdeckt das Innere, das Sein, eure göttliche Natur, das Reich Gottes; alles andere geht daraus hervor, ergibt sich daraus, ist Ausdruck des göttlichen Seins.

„Man kann auch nicht sagen: Seht, hier ist es!, oder: Dort ist es! Denn: Das Reich Gottes ist (schon) mitten unter euch“ (Lukas 17,21). Das Reich Gottes ist in uns und zwischen uns. Es ist nicht in einem zeitlichen Nachher oder räumlichen Woanders. Es ist die Gegenwart, die Dimension des Seins, der Raum, den wir Seele nennen.

Jesus spricht in Bildern von dieser inneren Dimension: „Es war ein Mann, der in einem Acker einen Schatz entdeckt. Er sah etwas aufblitzen in der ganz gewöhnlichen Erde. Er verkaufte alles und kaufte diesen Acker“ (Matthäus 4,47). Er richtete seine Aufmerksamkeit ganz auf das, was da unter der Oberfläche durchschimmerte, ließ alles andere los, um sich unter die Oberfläche sinken lassen zu können und zu erkennen, dass dieser Schatz sein Eigen ist.

Der Mensch, der mit der Seins-Ebene in Berührung kommt, der also seine Seele, seine innere Heimat wiederfindet, wird gesund. Das kann ein längerer Prozess sein, der in den biblischen Heilungen in einer Art Zeitraffer erzählt wird. Das kann aber auch unmittelbar geschehen und sich als Spontanheilung zeigen. Die Präsenz Jesu brachte Menschen unmittelbar in Berührung mit dem heiligen Selbst, mit dem unverwundbaren Kern, mit der unerschöpflichen inneren Quelle. Der ganze Leidenskomplex von Schuld, Sünde, Trennung und Verlorenheit löst sich in seiner Gegenwart auf. In der biblischen Sprache: „Deine Sünden sind dir vergeben. Steh auf, nimm deine Bahre und geh.“ Und der Mann steht auf, nimmt seine Bahre und geht heim. Er ist geheilt, das heißt, er ist wieder ganz geworden. Er hat seine Ganzheit wieder gefunden und in der Gegenwart Jesu seine Illusion, getrennt zu sein von Gott und seinem Ursprung, durchschauen und loslassen können. Im Englischen ist dieser Zusammenhang sprachlich sichtbar: *whole* (ganz) und *holy* (heilig) sind eng miteinander verwandt. Wenn jemand alle Teile entdeckt, die zu ihm oder ihr gehören, wird er oder sie heil, womöglich so heil, dass es ausstrahlt, also heil-ig. Nichts anderes sind die Heiligen: Menschen, die ihre Ganzheit wiedergefunden haben und die diese ungeheure schöpferische und liebende Kraft ihres göttlichen Ursprung ausstrahlen. Das heilt die Menschen, mit denen sie in Berührung kommen. Jesus ist ein Heiliger. Er wird in der Bibel mehrfach der Heilige Gottes genannt.

Ich bin nicht in dem Maße im Sein verwurzelt wie Jesus, sonst würden die Menschen, die zu mir kommen, einfach heil werden. Ich erlebe jedoch, dass es Menschen besser geht nach einem Gespräch, dass sich etwas löst, eine Kraft spürbar, eine neue Perspektive sichtbar wird. Ich habe den Eindruck, dass das viel mit der Seins-Ebene zu tun hat, die ich selber realisiere und die dadurch zugänglicher wird für mein Gegenüber. Ich merke es vor allem dann, wenn ich selbst eigentlich nichts gemacht habe, die Veränderung beim Patienten also nicht auf eine gelungene psychotherapeutische Intervention zurückführen kann, sondern einfach da war, zuhörte, mitging. Ich bringe hier inmitten des Gesprächs mit dem großen Heiler Jesus einen Bericht von der Arbeit mit einem Mann, die etwas von dem hat, wie meines Erachtens die Menschen in der Gegenwart Jesu gesund wurden.

> Herr V bittet dringend um ein Gespräch. Der Patient befindet sich bereits im letzten Drittel seines dreimonatigen Aufenthalts in unserer Klinik. Mit seinen ständig wiederkehrenden Fragen in Bezug auf seine Aufenthaltsdauer, seine Befürchtungen, seine Frau könnte ihn verlassen, nahm er zeitweise das ganze Klinikpersonal in Beschlag. Der Patient sah seine Situation als ausweglos und war dementsprechend verzweifelt. Das therapeutische Personal signalisierte ebenfalls Verschleißerscheinungen in der Arbeit mit Herrn V, er war schwer zu ertragen. In dieser Situation kommt er zu mir.

Herr V erläutert seine Situation, die in dem Satz mündet: „Ich habe kein Zuhause. Ich weiß nicht weiter." Ich höre ihm zu, exploriere mit ihm, was ihn beschäftigt, was ihm schwerfällt, wer was will, welche Optionen er sieht und halte es mit ihm aus, dass er keine Optionen sieht außer das, was ihm von seiner Frau, vom Gemeindepräsidenten, von der Klinik vorgeschlagen wird: weiter in Therapie zu sein, aber an einem neuen Ort. Er sieht keinen Sinn darin, will es nicht, hat aber keine Alternativen. Das Anerkennen, Respekt für sich selbst und den nächsten möglichen Schritt tun – Einklang im Unverständlichen. Am Ende des Gesprächs machte ich ihm das Angebot, dass er sich jederzeit an mich wenden kann, wenn er mich braucht.

In welcher Haltung begegnete ich Herrn V? Ich bin bei jedem Thema, das Herr V anschnitt, mit ihm mitgegangen auf der Sachebene, habe Lösungen mit ihm erwogen, habe mitgefühlt mit ihm, seine Blockaden und Entwicklungsmöglichkeiten gesehen und soweit als möglich angesprochen und ich habe die Verbindung mit der Seelenebene gehalten. Es fühlte sich an, als würde ich mit offenen Augen Stufe für Stufe mit ihm hinuntersteigen in seine Verzweiflung hinein und durch sie hindurch, fühlend, dass da noch etwas darunterliegt in ihm, das trägt. Dieses Auslaufen der Widerstandsenergie, mit der er sich und alle rundum so nervös machte bei gleichzeitigem Mitfühlen und Dableiben ohne Ungeduld und Abwertung, war meines Erachtens entscheidend in dieser Begegnung. Wir saßen zum Schluss beide da und schauten, was passiert. Herr V merkte, dass ich ihm auch nicht helfen konnte (im dem Sinne, ihm Lösungen für seine Probleme anbieten zu können), aber er begann mehr bei sich anzukommen. Auch die TherapeutInnen nahmen von der Arbeit Kenntnis und führten sie weiter, wie auch der folgende Eintrag eine Woche später zeigt:

Die Frage, was er tun könnte, stellte sich erneut. Meine Antwort nahm er ganz gelassen und offen entgegen – er wirkte nun nicht mehr so fahrig – keine Anzeichen von Aggression o. ä. Martin Steiners Rat: „zuhören und mitfühlen", ist wirklich eine sehr gute Methode, um Herrn V zu begleiten, so gut dies eben möglich ist. Es macht sich jetzt tatsächlich ein ganz klein wenig Hoffnung bemerkbar.

Drei Wochen nach dem ersten Gespräch, drei Tage vor Austritt aus der Klinik, begegne ich Herrn V wieder. Er kommt bewegt herein. Er setzt sich, ich öffne das Fenster und schlage ihm zwei Minuten gemeinsame Stille vor. Im Anschluss an diese zwei Minuten sagt er: „Das sollte ich öfters machen: Natur, Stille. Es ist gut."

Unser Gespräch geht über die Beziehung zu seiner Frau und die Schwierigkeiten, die er da hat. Herr V fühlt sich infrage gestellt, nicht geliebt. Das Gespräch geht über den Übertritt von hier in die nächste Klinik in drei Tagen. Herrn V fällt es schwer, sich wieder auf eine neue Situation einzustellen. „Er muss" dorthin, das geringste Übel für ihn. Meine Arbeit mit ihm heute besteht darin, ihm Raum zu geben, ihn zu hören, ihn zu spüren in dem, was ihn bewegt, ihn dadurch mehr bei sich und dem, was jetzt ist, ankommen zu lassen und – wann immer möglich – ihm zu helfen, seinen Widerstand gegen das, was ist, abzubauen. Ich tue es einerseits dadurch, dass ich ihm positive Aspekte, die Herr V erwähnt, wieder anbiete. Beispiel: Die Klinik hier war ja auch nicht sein Wunsch und es wurde dennoch gut. Ich weise Herrn V auf positive Veränderungen hin, die ich seit unserem letzten Gespräch bei ihm wahrnehme. Er will wissen welche:

- Die nächste Etappe ist klar entschieden und vorbereitet
- Er ist wieder in direktem Kontakt mit seiner Frau, eine Paartherapie ist geplant
- Er hat mehr Boden unter den Füßen, Herr V wirkt ruhiger.

„Werde ich je wieder glücklich sein?“, fragt er sich, fragt er mich. Meine Antwort ist ein Moment der Stille, der Begegnung ohne Worte. „Das Glück ist schon da, ist in Ihnen.“ Wieder Momente der Stille. „Ich spüre es nicht“, sagt dann Herr V. Ich erinnere ihn daran, wie es ihm nach seinen Aussagen morgens geht: Da ist es gut, da ist Ruhe. Erst dann kommen all die Probleme. Ich erinnere ihn an den Moment der Stille zu Beginn unseres Gesprächs und dass es ihm gut tut, in der Natur still zu sein, dass er sich da tiefer spürt, dem inneren Frieden näher ist.

Ich arbeite mit Herrn V im Gespräch daran, Heilung und Vergebung, die er in der Beziehung mit seiner Frau sucht, in sich selbst zu finden, vielleicht nur ansatzweise, Frieden im jetzigen Moment, Schritt für Schritt unterwegs zu sein, mit den offenen Fragen zu leben. Ich sage ihm, dass er von guten Mächten begleitet ist. Da zitiert er sogleich den Text von Dietrich Bonhoeffer. Ich frage ihn, ob er wisse, in welcher Situation Bonhoeffer den Text geschrieben habe. Er bejaht – wieder Stille. Herr V kommt Stück um Stück bei sich an und bei dem, was geschieht. Er wird diesen Kontakt wohl wieder verlieren – und immer wieder finden, immer tiefer finden.

Beim Rapport am Tag des Austritts sprechen mir die Therapeuten seiner Station ihren Dank aus. Ich hatte nur zweimal mit ihm gearbeitet, aber irgendetwas hatte alle entspannt. Was war es? Das Annehmen, was ist? Der Einklang mit der Seele?

Jesus war kein Magier, der Menschen durch magische Tricks von ihren Leiden befreite. Er war ein Heiler, der selbst die Erlösung gefunden hatte, aber mit jedem, der ihn darum bat, hinunterstieg in das Dunkel seiner menschlichen Geschichte, ganz hinunter in die Ausweglosigkeit und sich dort in der Tiefe dieses Menschen aufrichtete und sich der göttlichen Herkunft erinnerte und den anderen mitnahm zur Quelle des Lebens. Genau diesen Weg ging Jesus am Ende seines irdischen Lebens mit seiner ganzen Existenz. Er starb diesen gewaltsamen und grauenhaften Tod des Gekreuzigtwerdens. Er ging in die Unterwelt und durchschritt die Erfahrung des Mordens und Gemordetwerdens, die bis heute so viele Menschen machen müssen. „Hinabgestiegen in das Reich des Todes" formuliert es das Glaubensbekenntnis, das noch heute in den Kirchen immer wiederholt wird. Jesus geht an den untersten Punkt menschlicher Verlorenheit. Aber sein Licht ist so hell, seine Verankerung im Sein so stark, dass er sich aufrichtet und alle mitnimmt. Er erlöst uns nicht dadurch, dass er uns mit Gott versöhnt in dem Sinne, als müsste Gott das Blut seines eigenen Sohnes sehen, damit er dem Menschen vergibt, dass er ihn, seine Quelle, vergessen hat. Was für eine abstruse, monströse Vorstellung von Gott drückt sich darin aus. Jesus erlöst, indem er an den Tiefpunkt menschlicher Verlorenheit geht, sie durchschreitet und von dort aus den Weg zum Ursprung der Ganzheit findet. Er hinterlässt Lichtspuren im Dunkel der Unbewusstheit, die anderen den Weg weisen. Durch diesen Weg wird die Kraft seiner Seele so hell, dass sie aus ihm strahlt wie schon am Berg Tabor. Sie strahlt so hell aus ihm, dass sie sich materialisiert und sichtbar werden kann, sich zeigen kann. „Er ist auferstanden, er lebt!", sagen jene, denen er sich zeigt: Maria Magdalena, Johannes, vielen anderen. „Auferstehung" ist ein Wort, ein Hinweisschild, ebenso wie „Lichtspuren" oder „durchschreiten des Reiches des Todes". Wir reden in einer Bildsprache, das ist mir sehr bewusst. Also muss man an dieser Stelle doch wieder glauben, was andere einem erzählen, die es selbst nicht gesehen haben? Hört hier das experimentelle Vorgehen, das die Meditation ermöglicht, auf? Nicht unbedingt. Nur kann die Tiefe dieser Erfahrung von Worten nicht beschrieben, nur in Bildern angedeutet werden. Deshalb erzählte ich auch an dieser Stelle von der Begegnung mit dem Mann, der so verloren und verzweifelt war und dem das Mitgehen in seine Ohnmacht und das Aushalten derselben und das Aufrichten, um nicht zu sagen auf(er)stehen aus derselben, half, sich wiederzufinden und weiterzugehen, der eigenen Heilung einen Schritt näherzukommen.

Im Gespräch mit Mose

Die Erfahrung, die Mose am brennenden Dornbusch macht und die im dritten Kapitel des Buches Exodus geschildert wird, scheint mir so rein, so modern, so zeitlos zu sein. Mose ist auf der Halbinsel Sinai, einem steppen- und wüstenhaften Gebiet und hütet Schafe und Ziegen. Eines Tages kommt er über das ihm vertraute Gebiet hinaus und sieht einen Dornbusch brennen, der nicht verbrennt. Wie er sich diesem Schauspiel nähert, hört er eine Stimme: „Mose, zieh deine Schuhe aus; der Ort, an dem du stehst, ist heiliger Boden." Mose tritt in ein Gespräch ein mit dem Geheimnisvollen, das sich ihm in diesem brennenden Dornbusch offenbart. Er stellt dem Geheimnisvollen die Frage: „Wer bist du? Was ist dein Name?" Er erhält die Antwort: „Ich bin der ICH BIN." Diese Worte, Ich bin der ICH BIN, sind eine Übersetzung des hebräischen Gottesnamens, den man auch übersetzen könnte mit „Ich werde sein, der ich sein werde" oder „Ich bin das Seiende" oder „Ich bin das Sein". Dieser Gottesname ist eigentlich kein Name. Ich bin, der ich bin, ich bin das Sein, ich bin die Gegenwart, das ewige Jetzt. P. Franz Jalics, bei dem ich im Haus Gries in Deutschland über Jahre christliche Kontemplation gelernt und geübt habe, nahm oft auf diese Stelle Bezug und sagte in den Exerzitien sinngemäß immer wieder: „Gott ist Gegenwart. Wer in der Gegenwart ist, der ist in Gott."[13] Er lehrt eine Methode, in die Hände hinein zu spüren, also die innere Lebendigkeit zu spüren, wie sie auch hier in diesem Buch beschrieben ist, um durch das Spüren dieser feinen Energie in uns die Aufmerksamkeit in die Gegenwart zu locken, die Aufmerksamkeit in Gott zu verankern. Diese Offenbarung erfährt Mose beim brennenden Dornbusch: Gott ist. Ich bin. Er tritt in die Seins-Ebene, die Seins-Ebene offenbart sich ihm, öffnet sich ihm. Mit dieser tiefen Erfahrung verbindet sich ein Auftrag: „Geh, und befreie dein Volk aus der Sklaverei in Ägypten!" In diesem Dialog mit dem Geheimnis, das sich ihm offenbart, fragt Mose mehrfach: „Wer bist du? Was werde ich denen sagen, zu denen ich komme? Auf wen kann ich mich beziehen?" Er erhält immer wieder die Antwort: Ich werde da sein, ich bin. Du wirst wissen, du wirst hören, was du brauchst. Wenn du in der Gegenwart bist, bist du in Gott. Wenn du in Gott bist, bist du in der Gegenwart. Wenn du tief in dir drinnen in das ICH BIN eintauchst, das unberührt ist von Funktionen, Rollen, Vorstellungen, einfach ist, dann bist du in Gott. Diese Dimension des ICH BIN ist allen Menschen, allen Wesen gemeinsam. Es gibt nur ein ICH BIN, das unser eigenes tiefstes Wesen ist, unser Ursprung: die Gegenwart, das Jetzt, immer und überall zugänglich, unabhängig von Bildern, Vorstellungen und Gottesnamen. Das ist die Offenbarung, die uns Mose schenkt. Auch aus dieser Erfahrung lässt sich auf der Zeitkurve, auf der Reflexionsebene, eine Vorstellung, ein Konzept, ein Glaubenssatz formen. Es wird daraus ein Gottesname, an den man glaubt, für den man kämpft, für den man leidet. Aber das ist ein Abbild, das ist ein Glaube, ein Leiden, ein Kämpfen für eine Vorstellung. Dabei ist dieser Name einfach ein Hinweis. Ein Hinweis auf die Wirklichkeit, ein Hinweis auf die Gegenwart, ein Hinweis auf das Sein. Diese Gegenwart spüre ich, wenn ich dem Blick eines Menschen standhalte, mich in einem Spiel, in einer Tätigkeit selbst vergesse, wenn ich höre und spüre, wie es atmet, und der Stille lausche.

Im Ersten Testament gibt es gleich zu Beginn ein Bild, das auf die Seins-Ebene verweist: Im ersten Buch Mose (Genesis) wird die Entstehung der Erde in sechs Tagen – wir können heute sagen: in sechs Zeitaltern oder Äonen – beschrieben. Und dann heißt es: „Am siebten Tag ruhte Gott“ (Genesis 2,2). Der Sabbat – der Samstag, der Ruhetag der Juden; das christlich, westliche Pendant dazu ist der Sonntag – ist Ausdruck der göttlichen Ruhe: Das Schaffen ist zu Ende, einfach sein, ruhen im ewigen Jetzt. Im Judentum gibt es die Auffassung, dass unverzüglich der Messias käme, auf den das Volk Gottes schon Tausende von Jahren wartet, würden nur alle den Sabbat ganz einhalten. Ich verstehe diese Aussage als Bild und übersetze sie so: Wenn wir ganz in die Seins-Ebene, in die innere Stille eintauchen, sind wir erlöst, fallen alle Fesseln von uns ab, kommen wir an im Ursprung der Welt: im Herzen Gottes. Die Regelung, dass man am Sabbat nicht mehr als 1000 Schritte machen darf, ist als Aufforderung zu verstehen, einmal wirklich Ruhe zu geben. Denn die äußere Ruhe fördert das Eintauchen in die innere Ruhe. Das Entscheidende jedoch ist das Finden der inneren Ruhe, das Eintauchen in die innere Stille.

Im fünften Buch Mose (Deuteronomium), gibt es folgende Aussage: „Dieses Gebot, auf das ich dich heute verpflichte, geht nicht über deine Kraft und ist nicht fern von dir. Es ist nicht im Himmel, sodass du sagen müsstest: Wer steigt für uns in den Himmel hinauf, holt es herunter und verkündet es uns, damit wir es halten können? Es ist auch nicht jenseits des Meeres, sodass du sagen müsstest: Wer fährt für uns über das Meer, holt es herüber und verkündet es uns, damit wir es halten können? Nein, das Wort ist ganz nah bei dir, es ist in deinem Mund und in deinem Herzen, du kannst es halten" (Deuteronomium 30,11–14).

Die Frage, der wir in diesem Buch nachgehen, ist, wie ich mit dem Sein in Berührung komme. Es ist die gleiche Frage, wie ich mit Gott in Berührung komme. Es ist die Frage des Fisches, wie er mit dem Wasser in Berührung kommt. Es ist unsere Frage, wie wir den Atem wahrnehmen, das Leben spüren. Du musst nicht in den Himmel hinaufsteigen, um es zu holen. Es ist das Denken, das Wollen, es sind die Konzepte, die uns hindern, zu spüren, was immer da ist. Es ist so einfach und auch deshalb so schwierig, weil es so nahe ist, so selbstverständlich, sodass es eine Neuentdeckung braucht, ein Verlernen des Nicht-Spürens. Die Stille ist nicht nichts, ist nicht ein vernichtender Abgrund, wie es uns die Gedanken suggerieren. Sie ist viel eher das Wasser, in dem der Fisch schwimmt. Sie ist die Luft, die wir atmen. Sie ist Gott, ganz nah, so nah, dass wir meinen, da sei nichts.

Im Gespräch mit Meister Eckhart

Meister Eckhart, der große deutsche Mystiker, lebte von 1260 bis 1328. Was er vom äußeren und vom inneren Menschen schreibt, ist ganz verwandt mit dem, was wir mit der Zeit-Ebene und der Seins-Ebene meinen:

„In einem jeden Menschen sind zweierlei Menschen. Der eine heißt der äußere Mensch, das ist der Mensch der Sinnlichkeit. Diesem Menschen dienen fünf Sinne. Der andere Mensch heißt der innere Mensch. Das ist des Menschen Innerlichkeit. Nun sollst du wissen, dass jeder Mensch, der Gott liebt, die Kräfte seiner Seele für den äußeren Menschen nicht weiter in Anspruch nimmt, als die fünf Sinne zur Not eben bedürfen; und die Innerlichkeit kehrt sich nicht zu den fünf Sinnen, es sei denn als ihr Weiser und Leiter, der den Menschen hütet. Was der Seele an Kräften bleibt, die sie nicht den fünf Sinnen gibt, diese Kräfte gibt sie alle dem inneren Menschen. Und wenn der Mensch einen hohen und edlen Gegenstand hat, so zieht die Seele alle die Kräfte, die sie den fünf Sinnen geliehen hat, in sich, und ein solcher Mensch heißt dann verzückt.

Es gibt aber auch so manche Menschen, die verzehren die Kräfte der Seele allzumal für den äußeren Menschen. Das sind die Leute, die alle Sinne und Gedanken auf äußere und vergängliche Güter richten, die nichts vom inneren Menschen wissen. Wie nun ein guter Mensch etwa den äußeren Menschen aller Kräfte der Seele beraubt, wenn diese einen hohen Gegenstand in sich trägt, so berauben solche tierischen Leute den inneren Menschen aller Kräfte der Seele und verbrauchen sie für den äußeren Menschen.“[14]

Meister Eckhart verwendet das Bild der Tür und der Türangel und zeigt damit, wie der äußere und der innere Mensch im praktischen Alltag zusammenspielen. Während der Mensch im Äußeren tätig ist, ruht er im Inneren: wie eine Tür, die, während das Türblatt sich bewegt, in der Angel in Ruhe ist.

Johannes Tauler, Schüler Meister Eckharts, führt diesen Gedanken weiter:

„Den äußeren Menschen gilt es, soweit man es vermag, mit Gelassenheit zu bezwingen und ihn einwärts zu ziehen in den inneren Menschen, sodass der äußere nach den Weisungen des inneren wirke und nicht nach den Wünschen und Begierden des Ich. Wenn dann der innere Mensch in rechter freier Gelassenheit und Nicht-Anmaßung steht, halte er sich in seinem lauteren Nicht-Ich, übe sich im Nicht-Tun, indem er sich Gott lässt und Gott wirken lässt. Dann erhebt sich der innerste Mensch, der Geist, Christus, das göttliche Selbst im Seelengrund, und kann sich in seinen Ursprung zurückwenden, in seine Ungeschaffenheit im Gottesgrund, wo er ewig gewesen ist. Da steht er bildlos und formlos in seiner Ungewordenheit, und da erfüllt ihn Gott mit der Kraft und dem Reichtum seiner Herrlichkeit. So groß ist die göttliche Fülle, dass von diesem Reichtum der innere Mensch ganz erfüllt, durchlichtet und durchkraftet wird und selbst der äußere Mensch noch daran teilhat.“[15]

Im Gespräch mit Martin Buber

Martin Buber war ein großer Philosoph und Mystiker des 20. Jahrhunderts. Er ging nicht von einer individuellen Seele aus, sondern betrachtete sie als Organ der Beziehung von Ich und Du. Martin Buber unterscheidet zwischen der Ich–Du-Beziehung und der Ich-Es-Beziehung. Sie sind von ganz unterschiedlicher Qualität. Die Ich-Du-

Beziehung ist unmittelbar, nicht definierbar, spricht das Ich wie das Du als Ganzes an, in seinem Wesen. Die Ich-Es-Beziehung ist beschreibend. Sie ist ein Sammeln von Eigenschaften und Funktionen. Es ist nicht eine Begegnung, sondern eine Behandlung von etwas. Nur die Ich-Du-Beziehung ist Begegnung. Die Ich-Du-Beziehung ist meines Erachtens das, was wir in diesem Buch die Seins-Ebene nennen: Unmittelbarkeit ist das Charakteristische. Die Ich-Es-Beziehung ist das, was wir die Zeitkurve nennen. Martin Buber beschreibt diese zwei grundverschiedenen Dimensionen nicht nur in der Beziehung von Mensch zu Mensch, sondern auch beispielsweise in der Beziehung des Menschen zu einem Baum. In der Ich-Es-Beziehung schaue ich den Baum an wie ein Förster, wie ein Tischler, wie ein Biologe: Ich ordne ihn ein, messe und wäge ihn, zerlege ihn in Aspekte von ihm, gedanklich oder real. Er ist ein Gegenüber für mich im Sinne eines Objektes. Der Baum ist ein Etwas, ein Es. In der Ich-Du-Beziehung bin ich dem Baum unmittelbar gegenüber. Ich lasse ihn auf mich wirken und trete in eine Begegnung ein mit ihm, die mich verändert. All die Es-Faktoren wie Baumart, Größe, Gewicht, Aussehen usw. sind weiterhin gültig. Im Zentrum meiner Aufmerksamkeit steht jedoch etwas, das nicht gewogen und eingeordnet werden kann, etwas, das einfach ist, etwas, das berührt und zwischen dem Baum und mir geschieht.

AUSKLANG

Stille

Mich ruhig werden lassen
der Stille lauschen
dem Herzen folgen
die Seele spüren
weit und tief
wie ein See
unaufhörlich genährt
von ihrem unsichtbaren Ursprung
jeden Tag, jeden Moment
leben

Anmerkungen

[1] Vimala Thakar, Die Kraft der Stille, Selbsterziehung zum meditativen Leben. © Origo Verlag, Bern 2. Auflage. 1986, 22.

[2] Eckhart Tolle, Torwege zum Jetzt. Die drei Techniken zu höherem Bewusstsein, Goldmann Arkana Audio © 2004 für die deutsche Ausgabe: Wilhelm Goldmann Verlag, im 3. Kapitel („Tor der Stille") auf der CD

[3] Pablo Neruda, zitiert nach Kornfield, Jack/Goldstein, Joseph, Einsicht durch Meditation. Die Achtsamkeit des Herzens, Freiburg im Breisgau 2005. 127f.

[4] Henri Nouwen, Die innere Stimme der Liebe. Aus der Tiefe der Angst zu neuem Vertrauen. © Verlag Herder GmbH, Freiburg im Breisgau, 15. Auflage 2010, 22.

[5] William James, zitiert nach: Johannes Wiltschko (Hg.), Focusing und Philosophie, Wien 2008, 26.

[6] Adyashanti, Tanzende Leere. Erleuchtung für Herz, Bauch und Kopf. Aus dem Englischen von Erika Ifang, 83–84. © Goldmann Arkana Verlag, München 2007.

[7] Erika Burkhart, Das späte Erkennen der Zeichen. © weissbooks.w, Frankfurt am Main 2010.

[8] Sarah Bowen/Neha Chawla/G. Alan Marlatt, Achtsamkeitsbasierte Rückfallprävention bei Substanzabhängigkeit. Das MBRP-Programm. Mit Online-Materialien, Weinheim 2012.

[9] Vgl. Ulrich Ott, Meditation für Skeptiker. Ein Neurowissenschaftler erklärt den Weg zum Selbst, München 2010.

[10] Carl Rogers, A Way of Being, Boston 1980, Dt. Ausgabe: Der neue Mensch. Aus dem Amerikanischen übersetzt von Brigitte Stein, Klett-Cotta /J. G. Cotta'sche Buchhandlung Nachfolger, 9. Auflage 2012.

[11] Rainer Maria Rilke, Briefe an einen jungen Dichter. Aus dem Brief an Franz Xaver Kampus (12. August 1904).

[12] Martin Bohus / Martina Wolf, Interaktives Skillstraining für Borderline-Patienten, Stuttgart 2009.

[13] Franz Jalics, Kontemplative Exerzitien. Eine Einführung in die Lebenshaltung und ins Jesusgebet, Würzburg 2009.

[14] Meister Eckhart, Vom Wunder der Seele. Eine Auswahl aus den Traktaten und Predigten von Friedrich Alfred Schmid Noerr, Stuttgart 1996.

[15] Johannes Tauler, Das Reich Gottes in uns. Hg. von Karl O. Schmidt, 1967.

Literaturhinweise

Adyashanti, Tanzende Leere. Erleuchtung für Herz, Bauch und Kopf, Aus dem Englischen von Erika Ifang, München 2007.

Erika Burkhart, Das späte Erkennen der Zeichen, Frankfurt am Main 2010.

Cardenal, Ernesto, Das Buch von der Liebe, Wuppertal 2011.

Enomiya-Lasalle, H.M., Zen – Weg zur Erleuchtung, Hilfe zum Verständnis. Einführung in die Meditation, Wien 1981.

Galuska, Joachim / Pietzko, Albert (Hgg.), Psychotherapie und Bewusstsein. Sprituelle und transpersonale Dimensionen der Psychotherapie, Bielefeld 2005.

Gangaji, Der Diamant in deiner Tasche, Licht und Liebe in sich entdecken, aus dem Englischen von Erika Ifang, München 2006.

Kabat-Zinn, Jon, Gesund durch Meditation, Das große Buch der Selbstheilung, München 2011.

Kornfield, Jack, Nach der Erleuchtung Wäsche waschen und Kartoffeln schälen. Wie spirituelle Erfahrungen das Leben verändern, München 2010.

Kornfield, Jack/Goldstein, Joseph, Einsicht durch Meditation. Die Achtsamkeit des Herzens, Freiburg im Breisgau 2005.

Mindell, Arnold, Traumkörper und Meditation, Arbeit an sich selbst, Heitersheim 1994.

Ott, Ulrich, Meditation für Skeptiker. Ein Neurowissenschaftler erklärt den Weg zum Selbst, München 2010.

Rohr, Richard, Pure Präsenz: Sehen lernen wie die Mystiker, München 2010.

Suzuki, Shunryu, Zen-Geist – Anfänger-Geist, Unterweisungen in Zen-Meditation, Zürich 1982.

Thakar, Vimala, Die Kraft der Stille, Selbsterziehung zum meditativen Leben, Bern 1993.

Tolle, Eckhart, Eine neue Erde, Bewusstseinssprung anstelle von Selbstzerstörung, München 2005.

Johannes Wiltschko (Hg.), Focusing und Philosophie, Wien 2008.

Dank

Danke

~ Pascal Mösli für das Aufgreifen, Ausgestalten und Umsetzen der Idee, ein Buch über Meditation zu schreiben. Seit einigen Jahren treffen wir uns, um miteinander zu meditieren und uns gegenseitig unsere Methoden zu zeigen. Das ist der Boden, auf dem die Idee zu diesem Werk Wurzeln schlagen konnte

~ meiner Frau Regina Steiner, die mich inspirierte und ermutigte, meine Arbeit aus dem Inneren heraus zu entwickeln und in die Welt zu bringen

~ Direktor Kurt Mächler, Chefarzt Peter Allemann, Oberarzt Oernulf Arneberg und Therapieleiter Peter Neuhaus, die als Leitung der Klinik Südhang die Weitsicht hatten, die Arbeit, die nun zu diesem Buch geführt hat, in der Klinik einzuführen und zu fördern (www.suedhang.ch)

~ meiner Tochter Sarah, die mich einfach immer eines fragte, wenn ich weg war: Papa, wie viele Seiten hast Du nun schon geschrieben?

~ Pierre Pradervand für *Le silence, qui chant*, diesen wunderbaren Ort im Wallis auf 2100 Meter, an dem ich schreiben konnte (www.vivreautrement.ch)

~ meinen Kolleginnen und Kollegen in der Klinik für die gute interdisziplinäre Zusammenarbeit, Andrea Blösch für ihre Anregungen zu Meditation und Psychotherapie

~ den Menschen, die während ihres Aufenthaltes in der Klinik Südhang sich mit mir auf das Abenteuer der Meditation einließen und mit ihren Erfahrungen zu diesem Buch beitragen

~ Pierre Stutz für das Öffnen einer Tür

~ dem Verlag Herder und seinem Lektorat, die unser Buch zu einem Buch machten, das man wirklich in den Händen halten kann

~ Dorothea Galuska für ihr Vorwort, ihre Wertschätzung und ihre Kraft, gemeinsam mit ihrem Mann Joachim Galuska, Klaus Buch und dem ganzen Team von Heiligenfeld einen Ort zu schaffen, an dem der transpersonale Ansatz einer beseelten Medizin und Psychotherapie erlebt und gelernt werden kann (www.heilgenfeld.de)

Martin Steiner

Danke

~ Martin Steiner, in dem ich einen Gefährten gefunden habe, um die Meditation als alltägliche und kräftige Praxis weiterzuentwickeln – für die Begleitung von anderen wie von uns selbst. Viele meiner Texte sind wie Aufzeichnungen unseres Dialogs und unseres gemeinsamen Suchens

~ Tatjana Werik, meiner Frau, die in inneren Dingen sehr erfahren und mutig ist, für die Gespräche zu meinen Texten, welche dazu geführt haben, dass mein Eigenes noch stärker zur Geltung kam

~ Daniel Frei, einem langjährigen Freund, mit dem ich die Leidenschaft teile, Wege zu finden, um dem Tod etwas mutiger ins Auge sehen zu können (und vieles anderes mehr), für seine Lektüre meiner Texte, die mir zu mehr Klarheit verhalf

~ Hubert Kössler, meinem Leitungskollegen im Seelsorgeteam, dem ich in sprachlichen Dingen und überhaupt sehr vertraue

~ den Patientinnen, Patienten und ihren Angehörigen im Inselspital wie auch den Klientinnen und Klienten meiner Coachingarbeit, die mir Einblick gaben in ihre inneren Prozesse und in die Kraft, die sie unterstützt, wach zu sein

~ Max Schüpbach – einem Pionier der prozessorientierten Psychologie –, einem meiner geschätzten Lehrer, der uns zu einem wichtigen Zeitpunkt zum gemeinsamen Schreiben dieses Buches ermutigte

~ Kakichi Kadowaki – Jesuit und Zen-Meister – der mich vor fast 30 Jahren in die Meditation einführte und schon damals eine Präsenz ausstrahlte, die mich bis heute inspiriert

~ dem Wasser vom Mittelmeer und der Aare, an deren Ufer ich am leichtesten meine Worte fand

Pascal Mösli